Dieses Buch gehört:

....

....

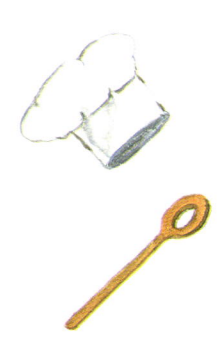

www.beltz.de
© Parabel
in der Verlagsgruppe Beltz · Weinheim und Basel
Alle Rechte vorbehalten
Gesamtherstellung: Druckhaus Beltz, Hemsbach

ISBN 3-7898-1013-4
1 2 3 4 5   09 08 07 06 05

Marion Söffker

Meine große Gartenküche

Kochrezepte und Gartentips für das ganze Jahr

Parabel

Inhalt

Stäbe
Spraflasche
Spaten
Anzuchtschale
Blumenerde
Gießkanne
Töpfe
Blumenkasten
Hacke
Blumengabel
Bast
Handschuhe
Namensschilder
Samentüten
Löffel
Schaufel
gartenschere

Hast du schon mal Kresse gesät oder einen Avocadokern eingepflanzt? Es macht großen Spaß, selbst etwas anzupflanzen und zu ernten – um so mehr, wenn man auch noch etwas Leckeres daraus kochen kann!

In dieser großen Gartenküche lernst du die wichtigsten Gemüse- und Obstsorten kennen, und es wird genau erklärt, welches Gemüse und Obst du vom Frühling bis zum Winter selbst anbauen kannst, wie du die Pflanzen pflegen solltest und wann sie reif zum Ernten sind.

Die vielen Rezepte zeigen dir, wie du aus dem erntefrischen Gemüse und Obst leckere Gerichte zaubern kannst: im Frühling aus Radieschen einen bunten Salat, im Sommer aus Erdbeeren eine köstliche Erdbeermilch, im Herbst aus Kürbissen eine schmackhafte Kürbissuppe, im Winter aus Äpfeln duftende Bratäpfel und vieles mehr. Aber du wirst

auch Gemüse entdecken, die du vielleicht noch gar nicht kennst, wie zum Beispiel Pastinaken und Topinambur.

Daneben findest du viele tolle Tips und Spielideen, zum Beispiel, wie man aus dem Kürbis eine Laterne und aus den Kürbiskernen eine schöne Kette basteln kann, wie man einen Bohnenwigwam baut und wie das Pflaumenkernspiel geht.

Die Kochrezepte und die Anleitungen zum Gärtnern sind so erklärt und gezeichnet, daß du alles ganz leicht nachmachen kannst. Die Rezepte sind übrigens, wenn nicht anders angegeben, immer für vier Personen berechnet.

Am Ende des Buches werden die wichtigsten Begriffe für Küche und Garten, wie Anhäufeln, Pikieren oder Passieren, genau erklärt. Dort findest du auch einen Bastelbogen mit Pflanzschildchen und Marmeladenetiketten. Und in den großen Gartenkalender kannst du eintragen, wann du Möhren und Kohlrabi gesät hast und wann es Zeit wird, Kartoffeln zu setzen.

So, nun brauchst du dir nur noch ein Plätzchen im Garten, auf dem Balkon oder im Zimmer zu suchen, und es kann losgehen.

Viel Spaß mit der großen Gartenküche!

Meine große
Gartenküche
im Frühling

weißes Radieschen

Radieschen

Alle kleinen und großen Gärtner freuen sich besonders auf einen Tag im Frühjahr: das ist der Tag, an dem die ersten selbstgezogenen Radieschen reif sind. Radieschen sind rund und rot oder länglich und weiß. Ihre feine Schärfe erinnert ein bißchen an Rettich. Sie gehören zu den anspruchslosesten Pflanzen im Garten oder im Balkonkasten. An den Blättern erkennst du, ob Radieschen frisch geerntet sind. Sind sie welk, was sehr schnell geht, können die Radieschen holzig schmecken. Wenn du Radieschen aufbewahren willst, lege sie über Nacht mit den Blättern ins Wasser. Die Knollen selbst dürfen nicht naß werden.

Im Wasserglas bleiben Radieschen länger frisch.

längliches Radieschen

Radieschen wachsen schnell

Schon ab März kannst du Radieschensamen aussäen. Beim Säen (ungefähr 1 cm tief) solltest du darauf achten, daß der Samen nicht zu dicht liegt. Sonst mußt du die jungen Pflanzen auseinanderpflanzen (pikieren/vereinzeln). Du mußt die Radieschen gut gießen, sonst werden sie scharf und holzig. Nach 3-4 Wochen kannst du schon die ersten ernten. Radieschensamen kannst du im Abstand von 2-3 Wochen den ganzen Sommer über neu aussäen und ernten (Folgesaat).

Radieschenfisch

Schneide mehrere Radieschen in feine Scheiben und lege sie wie Fischschuppen auf ein Butterbrot. Schneide einen Mund heraus. Stecke Schnittlauchröhrchen als Schwanzflosse unter die Radieschenscheiben. Lege ein halbes Radieschen als Auge auf deinen „Fisch".

mit Schnittlauch bestreuen.

Schnittlauchröllchen

Radieschenscheiben

Schnittlauchhalme

Radieschensalat

Radieschen gut waschen und in feine Scheiben schneiden (etwa 25 Stück). Rühre eine Soße aus **2 Eßlöffeln Öl**, **1 Eßlöffel Zitronensaft oder Essig**, **1 Teelöffel Senf**, **Salz** und wenig **Pfeffer**. Gieße die Soße über die Radieschenscheiben und vermenge alles miteinander.

Radieschenblumen

Eine schöne Verzierung für eine Käse-, Wurst oder Salatplatte!

1. Schneide die Radieschen 4x kreuzweise ein, oder du schneidest die Spitze ab und schneidest dann seitlich die Blätter ein. Dir fallen sicherlich noch mehr Blütenformen ein.

2. Fünf Minuten in Eiswasser legen.

3. Nun lassen sich die Blüten leicht öffnen.

Frühlingszwiebel

Frühlingszwiebeln werden auch Salat- oder Lauchzwiebeln genannt, dabei sind sie nichts anderes als unreife Zwiebeln. Sie werden dicht gepflanzt und als Salatgemüse zubereitet, wenn die Knollen nur 1-2 cm groß sind. Da die Samen nicht frostempfindlich sind, kann man sie im August aussäen und im nächsten Mai junge Zwiebeln und Zwiebelgrün ernten. Jeder Samen treibt mehrere Stengel. Es werden aber keine Zwiebeln ausgebildet. Statt dessen verdickt sich der untere Schaft der Stengel. Zum Verzehr zieht man die jungen Pflanzen aus, sobald sie anfangen, sich unten zu verdicken. Du kannst alle 2 Wochen nachsäen. Zwiebeln lieben volle Sonne.

Mit Petersilie und Radieschen garnieren.

Rührei

Für 2 Personen

Verquirle **3 Eier** mit **3 Eßlöffeln Milch** und **1 kleingeschnittenen Frühlingszwiebel**. Würze mit Salz und Pfeffer. Erhitze **2 Eßlöffel Butter** in einer Pfanne und gieße die Eiermilch hinein. Rühre ständig um, bis die Masse fest geworden ist.

Dazu gibt es frisches Brot.

Kartoffelsalat

Koche **500 g Kartoffeln**, pelle sie und lasse sie abkühlen. Rühre eine Salatsoße aus **150 g Joghurt**, **150 g saurer Sahne**, **1 Eßlöffel Zitronensaft oder Essig**, **1 Teelöffel Senf**, **1 Teelöffel Salz**, **1 Prise Pfeffer** und **1 Prise Zucker**. Wasche **3 Frühlingszwiebeln** und schneide sie in Ringe. Schneide die Kartoffeln in Scheiben und vermenge alles mit der Salatsoße. Wenn du magst, kannst du noch eine ausgedrückte **Knoblauchzehe** und eine halbe kleingeschnittene **Salatgurke** dazugeben.

Knoblauch

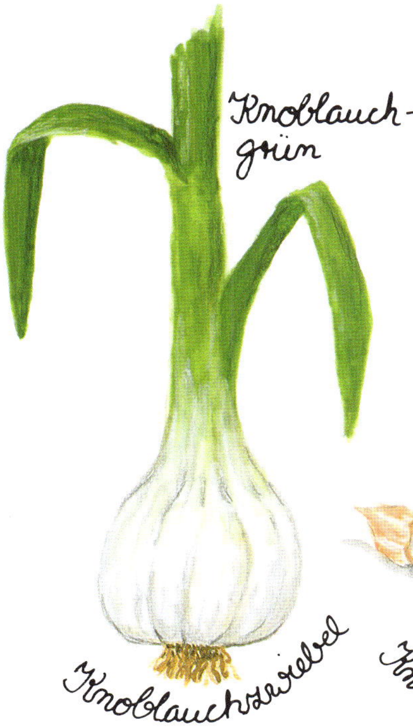
Knoblauch-
grün
Knoblauchzwiebel

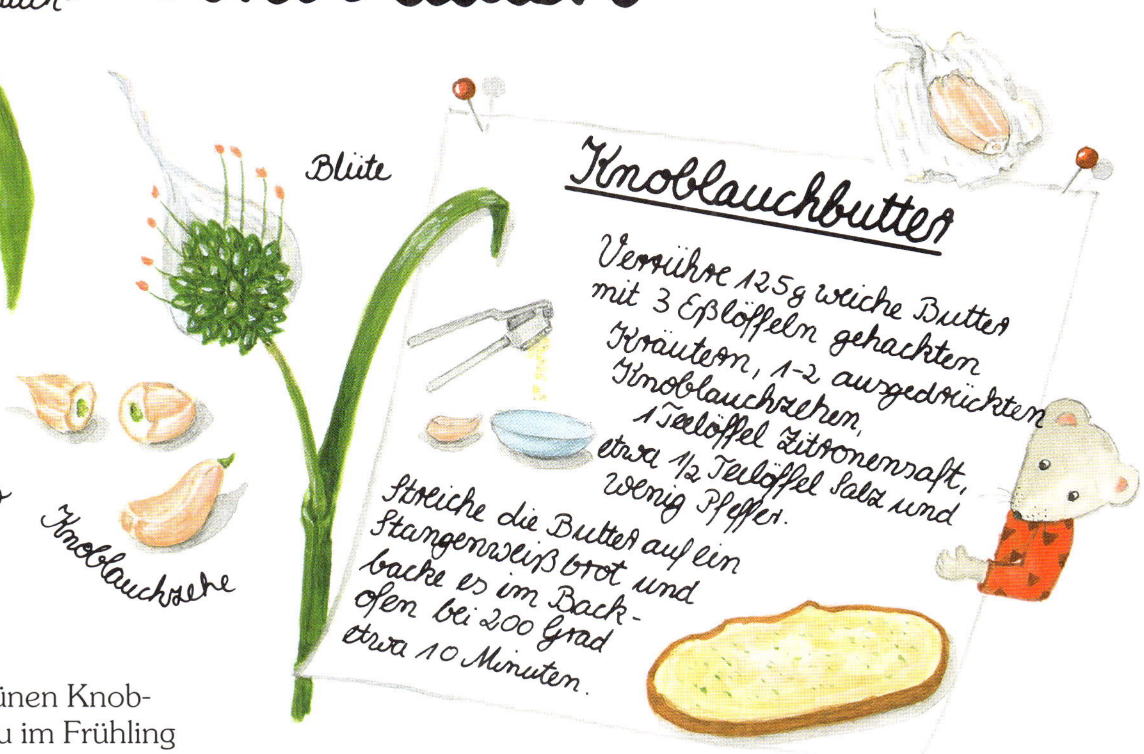
Blüte
Knoblauchzehe
Knoblauchbutter
Verrühre 125 g weiche Butter
mit 3 Eßlöffeln gehackten
Kräutern, 1-2 ausgedrückten
Knoblauchzehen,
1 Teelöffel Zitronensaft,
etwa 1/2 Teelöffel Salz und
wenig Pfeffer.
Streiche die Butter auf ein
Stangenweißbrot und
backe es im Back-
ofen bei 200 Grad
etwa 10 Minuten.

Die jungen, zarten grünen Knoblauchspitzen kannst du im Frühling schneiden und wie Frühlingszwiebeln zum Würzen von Quark, Salaten, Suppen oder Butter verwenden. Die runden Blütenköpfe sehen sehr dekorativ aus und blühen weiß mit rötlicher Tönung. Ist das Grün verwelkt, kann die voll entwickelte Knoblauchzwiebel ausgegraben werden. Wegen seines strengen Geruchs und Geschmacks wird Knoblauch in der Küche nur sparsam verwendet. Mitgekocht verliert Knoblauch seine Stärke.

Spaghetti

Zuerst mußt du die Soße zubereiten: Gib in einen Topf ***40 g Butter*** und lasse sie schmelzen. Dünste ***1 kleingehackte Zwiebel*** darin. Füge ***2 ausgedrückte Knoblauchzehen*** und ***4 Stengel kleingeschnittenes Knoblauchgrün oder Frühlingszwiebeln*** hinzu. Gieße ***200 g Sahne*** darüber und rühre ***100 g geriebenen Parmesan*** unter. Bei kleiner Hitze erwärmen, mit ***Salz***, ***Pfeffer*** und ***geriebenem Muskat*** würzen. Koche ***400 g Spaghetti*** in reichlich Salzwasser 8-12 Minuten. Gieße das Wasser ab, schütte die Spaghetti in eine Schüssel und gieße die Soße darüber.

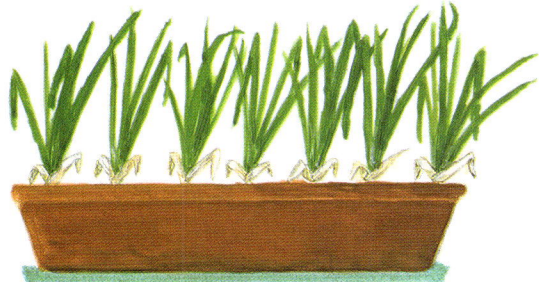

Knoblauchzehen einpflanzen

Ende Februar kann Knoblauch im Freien und in Töpfen gezogen werden. Er liebt sonnige Plätze. Zerteile eine Knolle in einzelne Zehen. Stecke die Zehen mit der Spitze nach oben in die Erde. Nicht andrücken. Wenn die Blätter welken, ist die Knolle reif.

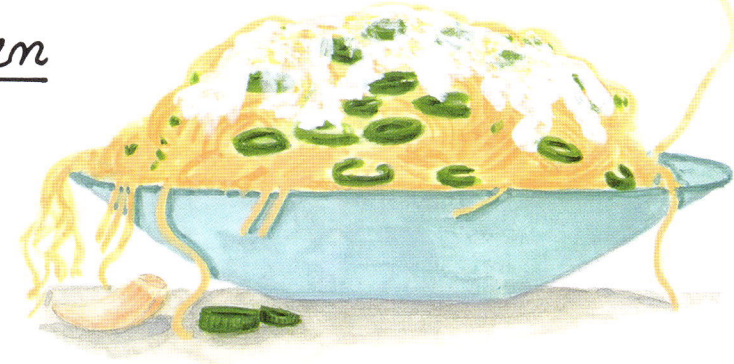

Spinat

Spinat nicht wieder aufwärmen!

Mit dem Spinat zieht endlich der Frühling in die Küche ein. Er ist unser erstes frisches Gemüse. Spinat ist eines der vielseitigsten Blattgemüse. Man kann ihn roh als Salat oder gekocht als Gemüse verwenden. Spinatpflanzen haben saftige Blätter, die viel Wasser enthalten. Du darfst dich deshalb nicht wundern, wenn eine große Menge Spinat im Kochtopf zu einer kleinen Portion zusammenfällt. Es gibt Wurzel- und Blattspinat. Wurzelspinat wird als ganze Pflanze geerntet, Blattspinat in einzelnen Blättern. Spinat wird wie Mangold ausgesät.

Spinatsalat

Für 2 Personen

Bestreue den Salat mit gehackten Nüssen oder Sonnenblumenkernen.

Wasche **250 g frischen Blattspinat** und lasse ihn abtropfen. Wasche etwa 10 Radieschen und schneide sie in dünne Scheiben. Schneide **1 geschälte Zwiebel** und **100 g Käse** in Würfel und gib alle Zutaten in eine Schüssel. Rühre eine Salatsoße aus **2 Eßlöffeln Zitronensaft, 2 Eßlöffeln Öl, 2 Eßlöffeln Joghurt, Salz** und **Pfeffer** und gieße sie über den Salat.

Spinattasche

Für 1 Person

Gib **50 g Mehl** und **1 Prise Salz** in eine Schüssel. Verquirle **1 Ei** mit **60 ml Wasser** und rühre es unter das Mehl, bis ein glatter Teig entsteht. Erhitze **1 Teelöffel Butter** in einer Pfanne und gib die Teigmasse hinein. Stelle die Hitze herunter. Wende den Pfannkuchen mit einer Bratschaufel. Backe auch die andere Seite goldgelb. Gib **3 Eßlöffel gekochten Spinat** auf den Pfannkuchen und klappe ihn als Tasche zusammen.

14

Spinatlasagne

Grüne Lasagnenudeln enthalten Spinat.

Spinat gut abtropfen lassen.

Wasche **1 kg Spinat**, lasse ihn auf einem Sieb abtropfen und hacke ihn klein. Erhitze **50 g Butter** in einem Topf und gib den Spinat hinein. Dünste ihn etwa 3 Minuten und nimm den Topf von der Herdplatte. Rühre eine Soße aus **300 g Quark**, **125 g Sahne**, **150 g geriebenem Käse**, **Salz**, **Pfeffer** und **Muskat**. Fette eine Auflaufform mit etwas Öl ein, verteile einige Löffel Spinat auf dem Boden. Lege dann eine Schicht Lasagneblätter oder andere gekochte Nudeln darauf (insgesamt benötigst du

200 g Nudeln). Danach folgt eine Schicht Quarkmasse, dann wieder Spinat, dann Nudeln, bis alles verbraucht ist. Wenn du magst, kannst du auch noch **100 g Salami** oder **gekochten Schinken** dazwischenlegen. Streue zum Schluß noch etwas geriebenen Käse darüber. Backe die Lasagne im Backofen 40 Minuten bei 200 Grad (Gas Stufe 3).

Vorsicht, die Auflaufform ist heiß!

Eier färben mit Gemüse

Gelb bis Braun bekommst du von Zwiebelschalen.

Grün bekommst du von Spinat.

Dunkelrosa bis Rot bekommst du von Roter Beete.

Lila bis Blau bekommst du von Rotkohl.

Du brauchst dafür:
1 l Wasser, 1 Eßlöffel Essig, 6 Eßlöffel Zwiebelschalen oder **250 g Spinat** oder **¼ l Rote Beete-** oder **Rotkohlsaft.**
Du mußt alle Pflanzen, die du zum Färben nimmst, so klein wie möglich schneiden und in einem Topf mit Wasser 30-45 Minuten kochen lassen. Gib einen Schuß Essig dazu, dann hält die Farbe noch besser. Rohe Eier kannst du gleich in dem Sud gar kochen. Nimm sie mit

einem Suppenlöffel nach 8 Minuten heraus. Schrecke sie mit kaltem Wasser ab. Ist dir die Farbe noch nicht kräftig genug, lasse die Eier länger kochen oder über Nacht in dem Sud liegen.

Mangold

Mangold ist eine alte Gemüse-
pflanze mit blanken, grünen Blättern, die größer als Spinatblätter
sind und an einem kräftigen weißen Stiel wachsen. Dieses Blatt-
und Stengelgemüse ist recht vielseitig. Die Blätter kannst du wie Spinat,
die Stengel wie Spargel zubereiten,
aber auch beide zusammen kochen.
Wenn du gerne Spinat ißt, schmeckt dir
Mangold bestimmt auch.

*Mangold
oder
Römischer Kohl
Dauerspinat
Rippenmangold
Krautstiel*

Mangoldgemüse

Wasche **1 kg Mangold** und entferne die Blätter von den Stielen. Schäle **1 Zwiebel** und
schneide sie in Würfel. Erhitze **2 Eßlöffel
Butter** in einem Topf und schmore die Zwiebel darin an. Gib die Mangoldblätter hinein und
½ Tasse Milch, ½ Teelöffel Salz und etwas
geriebenen Muskat dazu. Lasse die Mangoldblätter etwa 20 Minuten zugedeckt bei kleiner Hitze gar dünsten. Gib **2 Eßlöffel Sahne**
und **100 g gewürfelten Schafskäse** oder
Schinken dazu.

Mangoldspargel

Wasche **500 g Mangoldstiele** und befreie
sie von Fäden, die manchmal an den Stielen
hängen. Erhitze in einem großen Topf reichlich
Wasser, füge **Salz** und **etwas Zucker** hinzu.
Gib die Mangoldstiele hinein und lasse sie je
nach Dicke 10-20 Minuten kochen. Gieße
dann das Wasser ab. Gieße über den fertigen
Mangoldspargel erwärmte **Butter** oder
etwas Sahne und streue gehackten **Dill** oder
Petersilie darüber. Dazu schmecken gekochte
Kartoffeln.

Mit Sahne verfeinern

Mangoldspargel in Kräuterquark tauchen, das schmeckt lecker.

Mangoldauflauf

Wasche **800 g Mangold** und schneide ihn klein. Schneide **1 Zwiebel** in Würfel und schmore sie in **2 Eßlöffeln Öl** an. Gib den Mangold dazu und **250 g gewaschene und kleingeschnittene Tomaten**.

gemüse anschmoren.

Dünste alles etwa 20 Minuten mit geschlossenem Topfdeckel. Rühre öfter um und schmecke zum Schluß mit **Salz** und **Pfeffer** ab. Fette eine Auflaufform ein und gib das Mangoldgemüse hinein. Verrühre **200 g saure Sahne** mit **1 Ei**, **100 g geriebenem Käse** und gieße die Soße darüber. Schiebe den Auflauf in den Backofen und backe ihn etwa 30 Minuten bei 200 Grad (Gas Stufe 3).

Käse reiben.

Dazu gibt es Kartoffeln.

Mangold anpflanzen

Säe die Samen im Frühjahr aus. Eine Reihe oder zwei genügen, um im Sommer genug zu ernten. Wenn die jungen Pflanzen zu dicht stehen, zupfe sie vorsichtig aus und setze sie woanders wieder ein (pikieren). Deine Pflänzchen sollten

Wachsende Pflanzen gut gießen.

Die Erde lockern und Unkraut jäten.

etwa im Abstand von 20 cm stehen, damit sie sich richtig entfalten können. Lockere die Erde zwischen den Reihen mit einer Hacke auf und entferne das Unkraut. Mangoldblätter können im Mai zum ersten Mal geschnitten werden und wachsen dann fleißig nach. Alle 4 Wochen kannst du neu ernten, wobei die Blätter immer kräftiger werden – auch im Geschmack.

Schneide die großen Blätter tief unten ab, es wachsen schnell wieder neue nach.

Rhabarber

Große Fasern abziehen.

Die Obstsaison beginnt bei uns mit dem Rhabarber. Rhabarber ist eigentlich ein „Stielgemüse", da er als Staude wächst, doch wird er bei uns wie Obst zubereitet. Rhabarber ist sehr sauer und schmeckt deshalb sehr erfrischend. Er verträgt sich gut mit Gewürzen wie Zimt, Muskat, Nelken, aber auch mit abgeriebener Zitronen- oder Apfelsinenschale (Achtung, nur ungespritzte verwenden!). Die Blätter dürfen nicht gegessen werden, denn sie sind giftig!

Gewürznelken

Rhabarberkompott

Wasche **300 g Rhabarber** und schneide ihn in ungefähr 2 cm große Stücke. Gib diese in einen Kochtopf mit **4 Eßlöffeln Zucker**, **2 Eßlöffeln Wasser** und **etwas Zimt**. Lasse alles bei 175 Grad 12 Minuten gar kochen. Dazu schmeckt Milch, Sahne oder Quark. Du kannst auch noch die abgeriebene Schale einer **Orange oder Zitrone** dazugeben – aber nur, wenn sie ungespritzt ist.

Für 2 Personen

Zitronenschale

Zimtstangen

18

Rhabarberstreusel

Wasche und putze **1 kg Rhabarber** und schneide ihn in 2,5 cm große Stücke. Vermenge ihn mit **75 g Zucker** und gib die Masse in eine Auflauf- oder Kuchenform. Für die Streusel verknetest du **250 g Mehl** mit **2 Teelöffeln Backpulver**, **175 g Butter** und **175 g Zucker**. Verteile die Streusel auf dem Rhabarber. Die Rhabarberstreusel werden bei 200 Grad 30-40 Minuten im Backofen gebacken und dann heiß serviert.

Mein Gartentip:

Die Rhabarberwurzeln brauchen mindestens 1 m² Platz. Deshalb ist Rhabarber nur für größere Gartenecken geeignet. Im Oktober wird er als Wurzelsteckling gepflanzt. Er braucht viel Feuchtigkeit. Erst im zweiten Jahr nach der Anpflanzung kannst du ihn ernten. Ernte stets nur wenige gut ausgebildete Stengel. Du faßt sie tief unten an und ziehst sie mit leicht drehendem Ruck aus der Wurzel.

Rhabarberdruck

Holzige Rhabarberstengel brauchst du nicht wegzuschmeißen. Es läßt sich prima damit drucken. Stelle dir Rhabarberstempel her, indem du den Stengel in Stücke schneidest. Denke dir Muster aus und male die Rhabarberstempel mit Stoffdruckfarbe oder Tusche an. Dann bedrucke Papiertüten, Karten, Stoffe oder eine Baumwolltasche.

Bedrucke einfarbigen Baumwollstoff, dann hast du eine schöne Tischdecke oder eine Unterlage für das nächste Picknick.

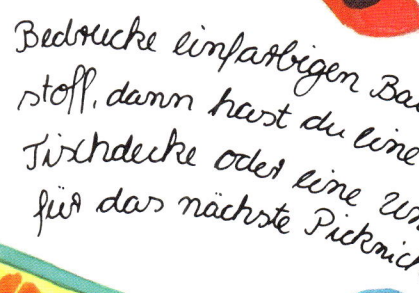

19

Rettich

schwarzer Rettich

weißer Rettich

Der Rettich ist eine alte Nutz- und Heilpflanze. Er wurde schon vor 3000 Jahren angebaut. Rettiche sind die dicken Verwandten der Radieschen. Sie werden geschält und roh gegessen, schmecken ähnlich wie Radieschen, sind aber viel größer und haben die Form einer Rübe. Sie sind außen weiß, violett oder schwarz, innen weiß und scharf. Rettich mußt du möglichst jung ernten, dann ist er knackig frisch. Älterer Rettich ist oft holzig und pelzig. Wenn Rettich nicht mehr ganz so frisch ist, kannst du die grünen Blätter abtrennen und ihn 30 Minuten in kaltes Wasser legen. Er wird dann wieder prall und läßt sich besser schälen.

roter Rettich

Rettich schmeckt am besten roh in frischen Salaten oder auf einem Butterbrot mit Salz.

Rettichsalat

Schäle **1 Rettich** und reibe ihn auf einer Rohkostreibe in dünne Scheiben. Rühre eine Salatsoße aus **3 Eßlöffeln Öl**, **2 Eßlöffeln Zitronensaft** oder **Essig**, **Salz**, **Pfeffer** und etwas **Zucker**. Vermenge die Soße mit den Rettichscheiben. Streue viel kleingehackte **Petersilie** oder **Zitronenmelisse** über den Salat. Du kannst auch noch etwas geraspelte **Möhren** oder **2 kleingeschnittene Frühlingszwiebeln** dazugeben.

20

Aussaat von Rettichen

damit sich die Pflanze gut ausbilden kann. Wenn du zu dicht gesät hast, ziehst du die überschüssigen Pflänzchen aus und pflanzt sie an anderer Stelle wieder ein. Ernten kannst du schon nach 3-4 Wochen. Vergiß nicht, deine Rettiche immer gut zu gießen, sonst werden sie holzig und platzen auf.

Rettich gedeiht sogar im Blumenkasten am Fenster. Mit der Aussaat kannst du im März/April beginnen. Er wächst vom Frühjahr bis zum Herbst im Garten, wenn alle 2-3 Wochen nachgesät wird (Folgesaat). Bei der Aussaat solltest du darauf achten, daß du nicht zu dicht säst,

Rettich-Tomaten

Wasche **8 große Tomaten** und schneide den oberen Teil als Deckel ab. Mit einem Löffel kannst du die Frucht aushöhlen. Schäle **250 g Rettich**, raspele ihn grob und gib das Tomatenfruchtfleisch, **150 g Frischkäse** oder **saure Sahne**, **Salz** und **Pfeffer** dazu. Fülle dann die Tomaten damit und setze den Deckel wieder obendrauf. Fertig ist die „Rettich-Tomate"!

Den Rettich schälen und raspeln.

Ein lustiges Tomatenmännchen entsteht, wenn du Schnittlauch als Haare einsteckst und Nelken für Augen und Nase.

Gefüllte Tomaten auf dicke Rettichscheiben setzen.

Schnittlauch

Bestreue dein Butterbrot mit kleingeschnittenem Schnittlauch, bis es ganz grün ist.

Auf den ersten Blick sieht Schnittlauch aus wie Gras. Doch wenn du genauer hinschaust, erkennst du, daß die „Halme" kleine Röhrchen sind. Schnittlauch schmeckt etwas scharf, fast wie Zwiebeln. Mit Schnittlauch kannst du Soßen und Salate verfeinern und Quark anrühren. Schnittlauch kannst du im Topf ziehen. 4 bis 5 Wochen nach der Aussaat erntest du bereits. Schneide die feinen grünen Röhrchen mit der Schere etwa 6 cm über der Erde ab. Wenn du lange ernten möchtest, mußt du die blaßrosa Blüten abzwicken. Am würzigsten schmeckt Schnittlauch, wenn er dunkelgrün ist und aufrecht steht. Ist er schlapp und gelblich, taugt er nicht mehr viel. In feuchtem Pergamentpapier oder einem Glas Wasser hält er sich frisch. Doch sollte Schnittlauch möglichst erst kurz vor der Verwendung abgeschnitten werden.

Schnittlaucheier

Koche **4 Eier** in 10 Minuten hart, schrecke sie mit kaltem Wasser ab und lasse sie abkühlen. Schäle die Eier, schneide sie einmal quer durch und nimm das Eigelb mit einem kleinen Löffel heraus. Verrühre das Eigelb mit **2 Eßlöffeln Mayonnaise**, **1 Teelöffel Senf**, **Salz** und **Pfeffer** und **2 Eßlöffeln kleingeschnittenem Schnittlauch**. Fülle die Masse in die Eihälften.

Hummeln freuen sich über die Blüten.

Schnittlauchhalme

Schnittlauch- blüte

Eihälften auf Salatblätter setzen.

Schnittlauchsamen

Schneide den Schnittlauch nie zu tief ab, sonst geht er ein!

gehackter Schnittlauch

Petersilie

krause Petersilie

Mit einer Kräuterwiege sind deine Kräuter schnell kleingehackt.

Petersilie kannst du das ganze Jahr über auf dem Fensterbrett ernten. Es gibt Wurzelpetersilie, die etwas nach Sellerie schmeckt und mitgekocht wird. Die glatte oder krause Schnittpetersilie wird nicht mitgekocht. Man ißt sie frisch gehackt. Die glatte Petersilie ist würziger, die krause Petersilie eignet sich gut zum Dekorieren, weil sie lustiger aussieht. Mit Petersilie kannst du viele Speisen, Suppen und Salate verfeinern.

Petersilie keimt langsam, darum solltest du die Samen einen Tag vor der Aussaat in warmem Wasser quellen lassen. So geht es etwas schneller.

Die glatte Petersilie schmeckt besonders würzig.

glatte Petersilie

Kräuterkugeln

Verrühre **250 g Quark** mit **100 g weicher Butter, 2 Eßlöffeln Sahne, 2 Teelöffeln Kräutersalz** und **1 Teelöffel Senf**. Forme kleine Portionskugeln daraus und wälze sie in kleingehackten Kräuten, zum Beispiel Petersilie, Schnittlauchröllchen oder Kresse. Die Kugeln ißt man auf Brot, Brötchen oder zu gekochtem Reis oder Kartoffeln.

Petersiliensoße

Verrühre **300 g Joghurt** mit **¼ l saurer Sahne** und **viel kleingehackter Petersilie**. Würfele **2 hartgekochte Eier** ganz fein und rühre sie unter die Soße. Garniere noch mit Petersilie. Ganz lecker schmeckt diese Soße zu Kartoffeln.

Kräuter

Die bekanntesten Küchenkräuter sind Petersilie, Dill, Schnittlauch und Kresse. Mit ihnen kannst du viele Gerichte verfeinern und würzen. Geschmacklich sind die frischen Kräuter den getrockneten weit überlegen. Sie haben mehr Vitamine, Aroma und Mineralstoffe. Hacke oder schneide sie klein und gib sie erst zum Schluß zu den Gerichten, sonst verlieren sie vor allem beim Kochen zu viel Geschmack. Dein Kräutergarten braucht nicht groß zu sein. Die meisten Küchenkräuter wachsen sogar im Blumentopf auf dem Fensterbrett oder Balkon. Im Garten werden viele Insekten wie Schmetterlinge, Hummeln oder Bienen deine blühenden Kräuter umschwirren. Die meisten Kräuter sind einjährig. Mehrjährige Kräuter, zum Beispiel Petersilie, Schnittlauch und Estragon, kommen im nächsten Jahr wieder.

Kräuter ziehen

Fülle Erde in einen Blumenkasten oder Blumentopf und streue wenige Samenkörner darauf. Decke die Saat mit etwas Erde dünn zu und drücke sie leicht an. Befeuchte sie dann mit einem Wäschesprenger und lauwarmem Wasser. Male dir kleine Schildchen, die du mit den Kräuternamen beschriftest und gleich dazusteckst. Decke dann eine Folie oder Glasplatte darüber, stelle deine Kräuteranzucht an einen warmen Ort und halte sie gut feucht. Haben sich die Pflänzchen etwas entwickelt, kannst du die Folie abnehmen. Nach einiger Zeit sind die Kräuter kräftig gewachsen. Jetzt mußt du sie „pikieren". Da Kräuter viel Wärme brauchen, solltest du sie erst im Mai an einen sonnigen, geschützten Platz nach draußen stellen oder pflanzen.
Hast du zu viele Pflanzen, kannst du sie auch in einem Topf an Freunde verschenken.

Kräuterquark

Verrühre **250 g Quark**, **150 g Joghurt**, **1 Eßlöffel Zitronensaft** und etwas **Salz** miteinander. Nimm viele verschiedene Kräuter, hacke oder schneide sie klein und rühre sie unter den Quark.

Liebstöckel

Schmeckt gut zu Kartoffeln, Gemüse oder

auf Brot!

Kräuter trocknen

Minze

Du kannst deine Kräuter auch für den Winter trocknen. Schneide sie ab, bevor sie blühen, und binde sie zu Sträußen zusammen. Hänge sie mit den Stielen nach oben an einen luftigen, dunklen Ort. Die Kräuter sind trocken, wenn sie rascheln. Nun kannst du die Blätter abstreifen, etwas zerreiben und in luftdichte Gläser füllen, die dunkel gelagert werden müssen. Beschrifte die Gläser mit hübschen Etiketten.

Tip: Lege die getrockneten Kräuterblätter zwischen 2 Blatt Butterbrotpapier. Rolle mit einer Teigrolle ein paarmal darüber, so sind deine Kräuter schnell zerkleinert.

Kräutersalz

Mische dein eigenes Kräutersalz, indem du die gleiche Menge getrocknete **Kräuter** mit **Salz** vermischst. Fülle es in saubere, dunkle Gläser. Es schmeckt gut auf Butterbrot, Tomaten- und Gurkenscheiben und eignet sich zum Würzen von Suppen, Soßen und Quark.

Thymian *Majoran*

Zum Verschenken!

Pfefferminztee

Gib 10 g frische Pfefferminzblätter in eine Teekanne. Mit 3/4 Liter kochendem Wasser übergießen und ziehen lassen (etwa 10 Minuten). Schmeckt gut mit etwas Honig und ist ein köstlicher Durstlöscher.

Kartoffeln

Kartoffelkäfer

Kartoffeln werden grob unterschieden in Früh- und Spätkartoffeln. Letztere sind Lagerkartoffeln für den Winter. Am besten schmecken die Frühkartoffeln. Du kannst sie schon Mitte Juni bis Mitte Juli ernten, wenn du die Kartoffelknollen im April pflanzt. Aus den Knollen wachsen Triebe, aus denen später kleine Sträucher mit weißen Blüten werden. Unter der Erde wachsen die Triebe zu langen Wurzeln, an deren Enden neue Kartoffeln entstehen. Die Saatkartoffel wird dabei schlaff und runzelig. Sie gibt all ihre Nährstoffe an die Triebe weiter. So werden aus einer Kartoffel bis zu zwölf neue Kartoffelknollen, die man bei der Ernte vorsichtig aus dem Boden hackt. Von der Kartoffelpflanze sind nur die Knollen eßbar. Alle anderen Teile der Pflanze sind giftig!

Blüte

keimende Kartoffel

Ofenkartoffeln

Für 2 Personen

Du brauchst **500 g Kartoffeln**, **1 Eßlöffel Kümmel**, **1 Eßlöffel getrocknete Kräuter** (Rosmarin, Majoran oder Oregano), **1 Teelöffel Salz** und **1 Eßlöffel Öl**. Fette das Backblech mit etwas Öl ein und bestreue es mit Salz und Kümmel. Halbiere die sauber gewaschenen, ungeschälten Kartoffeln. Lege die Kartoffelhälften mit der Schnittfläche auf das Backblech und bestreue sie mit den Kräutern. Im Backofen werden die Kartoffeln 35-45 Minuten bei 200 g (Gas Stufe 3) gebacken, bis sie gar sind.

Mit Kräuterquark besonders lecker!

Kümmel

Rosmarin

Kartoffeln im Blumentopf

Fülle einen großen Blumentopf mit Erde und pflanze eine Saatkartoffel ungefähr 10 cm tief ein. Aus den „Augen" (das sind die kleinen Vertiefungen bei der Kartoffel) wachsen die Triebe. Wenn die ersten Triebe aus der Erde kommen, grün werden und Blätter haben, fügst du noch etwas Erde hinzu. Das nennt man anhäufeln und muß von Zeit zu Zeit wiederholt werden, damit die Knollen vor Licht geschützt sind. Die Kartoffeln werden sonst grün und giftig. Nach einigen Wochen hat sich aus deiner Saatkartoffel eine blühende Pflanze entwickelt. Wenn die Blüten verwelkt sind, kannst du die Pflanze herausnehmen und die kleinen Kartoffeln ernten.

Das Gießen nicht vergessen!

Kartoffelstempel

Schneide eine Kartoffel in der Mitte durch. Ritze dann eine Form in die aufgeschnittene Kartoffelhälfte. Vorsichtig schneidest du mit einem Messer den Rand um deine eingeritzte Form ab. Deine Form bleibt nun als Stempel stehen.

Du kannst ihn mit Farbe einpinseln und Briefpapier, Einladungskarten, Geschenkpapier, Umschläge und vieles mehr damit bedrucken.

← Farbe
← Papier

Mit dem Kartoffelstempel kann ich Geschenkpapier bedrucken.

Erbsen

Frische Erbsen aus dem Garten oder vom Balkon schmecken dir bestimmt – besonders die jungen Zuckererbsen, die du mit den Hülsen roh essen kannst. Es gibt verschiedene Erbsensorten: Pal-, Mark- und Zuckererbsen. Erbsen brauchen eine Rankhilfe, an der sie Halt finden – einen Maschendraht oder Reisig. Die Pflanzen wachsen daran schnell in die Höhe und bekommen hübsche Blüten, aus denen sich die Hülsen entwickeln.

Erbsenhülse mit Samen

Blüte

Hülse

Wenn du Erbsen Anfang April aussäst, kannst du im Juli die ersten Erbsen ernten. Sie brauchen etwa 10 Wochen zum Wachsen. Erbsen lassen sich auch gut auf dem Balkon anbauen. Möchtest du die Erbsen aus den Hülsen lösen, brauchst du nur mit dem Daumen auf die runde Seite der Hülse drücken – schon springt sie auf, und die Erbsen kommen zum Vorschein.

Erbsen pulen oder palen sagt man dazu. Ißt du die Hülsen mit, solltest du sie vorher waschen und die Stiele abzupfen.

Zuckererbse

Buttererbsen

Wasche **1 kg Zuckererbsen**, schneide die Stiele ab und koche sie in 6-8 Minuten in wenig Wasser weich. Zerlasse **2 Eßlöffel Butter** in einer Pfanne und gib die Erbsen dazu. Dünste sie kurz an und rühre **200 g saure Sahne** hinein. Erwärme das Gemüse bei kleiner Hitze, würze mit **Salz** und **Pfeffer**. Zum Schluß streue etwas gehackte **Petersilie** darüber. Dazu schmecken Kartoffeln oder Reis.

28

Nudeln mit frischen Erbsen

Schäle **Zwiebeln**, schneide sie in Würfel, schmore sie in **2 Eßlöffeln Öl** und gib **600 g frisch enthülste Erbsen** sowie **1-2 Eßlöffel Wasser** dazu. Lasse alles 10 Minuten kochen und würze dann mit **Salz** und **Pfeffer**. Koche **400 g Nudeln** in einem großen Topf mit Salzwasser 8-12 Minuten und gieße dann das Wasser ab. Verrühre die Erbsen mit den Nudeln und viel **geriebenem Käse**.

gelbe Erbse   grüne Erbse

Erbsen im Glas

Damit die Erbsen schneller aufgehen, lege sie in ein Glas mit feuchter Watte oder Küchenkrepp. Ab und zu mußt du die Erbsen befeuchten. Jeden Tag kannst du beobachten, wie sie sich weiterentwickeln. Wenn die Erbsen zu keimen beginnen, kannst du sie in Töpfe, einen Balkonkasten oder in den Garten pflanzen. Bedecke sie mit etwas Erde und stecke eine Stange zum Hochranken hinein. Binde die wachsende Pflanze locker daran an, und vergiß nicht zu gießen.

Wachstumstabelle

Fertige eine Tabelle an, in die du alle deine Beobachtungen einträgst.

Meine große Gartenküche im Sommer

Erdbeeren

Die Erdbeere ist der erste Vorgeschmack auf den Sommer. Der Urahn aller heutigen Sorten ist die viel kleinere Walderdbeere. Vielleicht hast du sie schon auf Spaziergängen entdeckt. Die vielen winzigen Körnchen auf der Oberfläche der Erdbeere sind die eigentlichen Früchte. Die Erdbeere selbst ist nur eine Scheinfrucht. Erdbeeren schmecken besonders süß, wenn sie an einem Sonnenplatz wachsen. Sie können von Juni bis Oktober geerntet werden. Frisch gepflückt schmecken sie am besten. Spüle sie unter fließendem Wasser ab und entferne die Blätter, bevor du sie ißt.

Die kleinen Körnchen sind die Samen.

Blüten

unreife Früchte

Die vertrockneten Blütenblätter fallen ab, die Früchte entwickeln sich.

reife Erdbeeren

Monatserdbeeren

Wer keinen Garten hat, muß nicht auf diese köstlichen Früchte verzichten.

Erdbeeren lassen sich sogar im Blumentopf züchten. Du kannst Samen einsäen oder junge Pflanzen kaufen und in einen Blumentopf einpflanzen. Stelle den Blumentopf an einen sonnigen Platz und vergiß das regelmäßige Gießen nicht. Deine Monatserdbeere wird dann unentwegt blühen, und du kannst den ganzen Sommer längliche, herrlich schmeckende Erdbeeren ernten.

Erdbeermilch

Für 2 Personen

Säubere **250 g Erdbeeren** und zerdrücke sie mit einer Gabel zu Mus. Verquirle das Erdbeermus mit ½ **l Milch**, **2-3 Eßlöffeln Zucker** oder **Honig** und dem **Saft von** ½ **Zitrone**.

Erdbeereis

Wasche 150g Erdbeeren, entferne die Blätter und zerdrücke sie mit einer Gabel zu Mus.
Gib 250g süße Sahne in eine hohe Rührschüssel und schlage sie mit einem Mixer, bis sie fest ist.
Gib 2 Eßlöffel Zucker oder Honig und das Erdbeermus dazu.

Das fertige Eis in Gläser füllen und mit Sahne, Früchten oder Schokostreuseln garnieren.

Erdbeermarmelade

Die Blätter abzupfen oder mit einem spitzen Messer vorsichtig herausschneiden.

halbieren

Bei **1 kg Erdbeeren** benötigst du **1 kg Gelierzucker**. Du mußt die Erdbeeren waschen und sorgfältig von Blättern und Stielen befreien, halbieren und mit einer Gabel zu

Mus zerdrücken. Gib das Erdbeermus in einen großen Topf und füge den Gelierzucker hinzu. Auf dem Herd bringst du alles zum Kochen und rührst dabei öfter um. Lasse die Marmelade vier Minuten kochen und fülle sie heiß in sehr saubere Schraubgläser.

Die Gläser vorher gut ausspülen.

Verschließe die Gläser sofort und beklebe sie mit hübschen Schildern.
Statt Erdbeeren kannst du Johannisbeeren, Kirschen oder Himbeeren nehmen. Auch eine Mischung verschiedener Früchte schmeckt lecker.

Paprika

Die Paprikaschote hat viele Kerne.

Paprikastreifen

Gemüsepaprika schmeckt roh im Salat und auf Butterbrot. Du kannst sie aber auch kochen. Da die Paprika innen hohl ist, wird sie gern mit Hackfleisch oder gekochtem Reis gefüllt und gedünstet oder gebacken. Du kannst sie auch roh mit einem Kräuterquark füllen. Paprika ist sehr gesund, weil sie einen hohen Gehalt an Vitamin C hat.

Paprikaschoten sind zuerst grün und färben sich dann je nach Sorte gelb oder rot. Manche bleiben auch grün. Paprika haben aber ein starkes Aroma und lassen sich getrocknet gut als Gewürz verwenden. Man unterscheidet zwischen Gemüsepaprika und der kleinen scharfen Gewürzpaprika (Peperoni).

Gemüsepaprika

Paprikaschiffe

Schneide eine Paprikaschote in breite Streifen. Stecke auf mehrere Spieße oder Zahnstocher Weintrauben, Radieschen, Käse- oder Wurststücke. Als Segel kannst du ein kleines Salatblatt oder eine Käsescheibe verwenden.

Holzspieß
Fähnchen
Käsescheibe
Radieschen
Käsewürfel
Petersilie
Paprika

Mit selbstgemalten Fähnchen verzieren.

Gemüsepaprika im Topf

Ich brauche:
viel Licht
viel Wasser
Schutz vor
Wind

Blüten

Du kannst Paprika-
pflanzen aus den Samen
einer reifen Paprika zie-
hen. Die Kerne müssen
vor dem Einpflanzen einige Tage
getrocknet werden. Ab Mai kannst du auch
beim Gärtner kleine Paprikapflanzen kaufen.
Sie brauchen einen sonnigen, windgeschützten
Platz im Garten oder auf dem Balkon.
Damit sich die Früchte gut entwickeln, kneifst
du die unteren Blüten am Stiel immer wieder
ab. Den ganzen Sommer über bringen die
Pflanzen Blüten hervor und tragen gleichzeitig
Früchte. Manchmal hängen sie so voll, daß sie
Stützen brauchen. Damit die anderen Früchte
nicht leiden, solltest du die reifen Paprika-
schoten nicht abpflücken, sondern mit der
Schere abschneiden.

Nur die Wurzeln
bewässern, nicht
die Pflanze.

Peperonata

Ein köstlicher
italienischer
Paprikaeintopf

Kalt oder warm essen.

Wasche **6 Paprikaschoten** (bunt gemischt),
entkerne sie und schneide sie in Streifen.
Wasche **500 g Tomaten** und schneide sie
in Stücke. Schäle **1 Zwiebel** und schneide sie klein. Erhitze **3 Eßlöffel Öl** in
einem Topf und gib die Zwiebel und **1
ausgedrückte Knoblauchzehe** hinein. Schmore beides etwas an. Füge die
Paprikastreifen und die Tomatenstücke
hinzu. Lasse alles etwa 40 Minuten bei
mittlerer Hitze garen. Würze mit **Salz**, **Pfeffer**
und **1 Eßlöffel gehackter Petersilie**.
Dazu schmecken gekochte Kartoffeln, Reis
oder knuspriges Brot.

Das Stielende abschneiden,
die weißen Teile entfernen,
dann die Kerne unter
fließendem Wasser heraus-
spülen.

Paprikaringe schmecken auf Butterbrot.

35

Schlangengurke

Gurken

Salatgurke

Gurken gehören zu den Kürbisgewächsen. Die längliche Salatgurke ißt man roh. Sie gehört zu den erfrischendsten Gemüsesorten. Die kleinen, dicken Schmorgurken werden geschält, entkernt und gedünstet oder geschmort.

Einlegegurken sind klein und mit rippeliger Haut oder riesig, grün und gelb. Sie werden als Essiggurken in Gläsern eingelegt. Man gibt reichlich Gewürze dazu, sie werden deshalb auch Gewürzgurken genannt.

Du kannst Gurken in einem großen Topf auf dem Balkon ziehen, oder du säst sie in ein Beet ein. An einem Spalier wachsen sie besonders gut.

Schmorgurke

Salzgurke

Gewürzgurke

Blüten

Gurkensalat

Für 2 Personen

Salatsoße:
150 g Vollmilchjoghurt
1 Teelöffel Zitronensaft
1 Eßlöffel Öl
1 Teelöffel Senf
Salz und Pfeffer
3 Eßlöffel gehackte Kräuter
(Dill, Petersilie oder Minze)

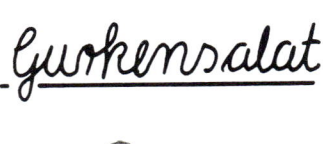

Die Gurke würfeln...

Mein Gurkensalat ist schnell fertig.

Verrühre die angegebenen Zutaten in einer großen Schüssel zu einer Salatsoße. Wasche die **Salatgurke** und hobele oder schneide sie in die Schüssel. Vermische alles miteinander. Du kannst auch noch eine ausgedrückte **Knoblauchzehe** dazugeben.

...oder hobeln.

36

Gurken halbieren und aushöhlen.

Gurkenrollen

2 Gurken waschen und halbieren. Höhle die Hälften aus und schneide das Innere in kleine Würfel. Wasche **3 Tomaten** und schneide sie in kleine Würfel. Verrühre **250 g Frischkäse** mit **75 g saurer Sahne**, **2 Eßlöffeln Zitronensaft**, **2 Eßlöffeln kleingehacktem Dill** und den Gurkenwürfeln. Würze mit **Salz** und **Pfeffer**. Fülle die ausgehöhlten Gurkenhälften mit der Masse und lasse sie im Kühlschrank etwas durchkühlen. Dann schneidest du die Gurkenhälften in 5 cm breite Scheiben.

Dazu schmeckt Butterbrot.

Mit Dill garnieren

Gurken aus eigener Ernte

Gurken zu ziehen ist nicht schwierig. Für eine frühe Ernte kannst du Gurkensamen auf der Fensterbank vorziehen. Ab Mitte Mai, wenn keine Frostgefahr mehr besteht, pflanzt du sie draußen ein. Sie gedeihen am besten an einem erhöhten Standort, einem kleinen Erdhügel oder auf dem Komposthaufen. Wenn du sie ab Mitte Mai gleich draußen aussäst, häufele mit dem Spaten einen kleinen Erdwall für die Samen an. Stecke im Abstand von 30 cm je 3 Samen in die Erde. Wenn die Pflanzen 3-4 Blätter haben, zupfst du die schwächsten Pflanzen heraus. Halte die Pflanzen immer gut feucht und gib ihnen einmal in der Woche mit dem Gießwasser etwas Dünger. Ernten kannst du, wenn die Gurken etwa 25 cm lang sind.

Ein Miniatur-Treibhaus: Stülpe ein Marmeladenglas über die junge Pflanze, um sie warm zu halten.

Mit lauwarmem Wasser gießen.

Sommertip

Lege dir die Schale einer Salatgurke auf das Gesicht. Das ist erfrischend kühl bei großer Hitze.

Knospe

Blüte

Früchte

Himbeeren

Wasche Himbeeren vorsichtig im Sieb.

Die Himbeere ist eine alte Kulturpflanze, die vor allem auf der nördlichen Halbkugel der Erde wächst. Du kannst sie auch heute noch wild wachsend in unseren Wäldern finden. Getrocknete Himbeerblätter ergeben die Grundlage für einen aromatischen Haustee. Leider wissen auch Maden, daß Himbeeren gut schmecken. Deshalb nisten sie sich gerne im Innern der Frucht ein. In größeren Töpfen oder Kübeln können auf einem Balkon sogar Beerensträucher wachsen: Johannisbeeren und auch immertragende Himbeeren. Regelmäßiges Gießen und eine nähr-

stoffreiche, gut aufgelockerte Erde sind wichtig für eine reiche Ernte. Dünge möglichst alle zwei Wochen. Johannisbeeren gibt es auch als Hochstämmchen. Sie sehen wie ein kleiner Baum aus.

Heiße Himbeeren

Wasche **500 g Himbeeren**. Lege einige zum Garnieren zur Seite. Streiche die Hälfte der Himbeeren durch ein Sieb. Gib die Himbeeren mit $^1/_8$ **l Wasser** in einen Topf, bringe alles zum Kochen und rühre **75 g Zucker** unter. Stelle die Temperatur etwas herunter und lasse alles 5 Minuten kochen. Gieße die Himbeeren noch heiß auf Grießbrei oder Vanilleeis.

Grießbrei

Koche **1 l Milch** mit **2 Eßlöffeln Zucker** oder **Honig** auf. Lasse **100 g Grieß** hineinrieseln und rühre mit dem Rührbesen gut um. Koche den Brei nochmals auf (Vorsicht, es könnte spritzen!) und lasse ihn bei niedriger Hitze zugedeckt 10 Minuten quellen. Willst du den Grießbrei auf einen Teller stürzen, mußt du die Form vorher mit kaltem Wasser ausspülen. Fülle den Grießbrei hinein und lasse ihn abkühlen, bevor du ihn stürzt.

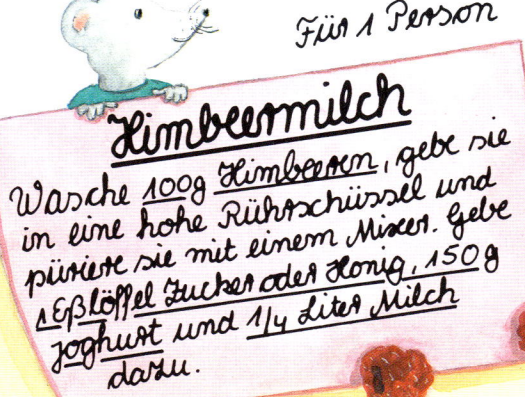

Für 1 Person

Himbeermilch

Wasche 100g Himbeeren, gebe sie in eine hohe Rührschüssel und püriere sie mit einem Mixer. Gebe 1 Eßlöffel Zucker oder Honig, 150g Joghurt und 1/4 Liter Milch dazu.

38

Johannisbeeren

Rote Johannisbeeren

Weiße Johannisbeeren

Schwarze Johannisbeeren

Mit einer Gabel lassen sich
die Beeren schnell lösen.

Die roten, weißen und schwarzen Beeren wachsen meist an Sträuchern. Sie sind sehr saftig und daher in den warmen Sommermonaten angenehm erfrischend. Johannisbeeren zählen zu den anspruchslosen Beerenarten. Je sonniger sie stehen, desto mehr Früchte tragen sie. Die Beeren sollten reif geerntet und am besten gleich roh gegessen werden. Die schwarzen Johannisbeeren schmecken gekocht besser. Eine Schale voller Beeren mit einem Sahnehäubchen ist die Krönung eines Sommertages!

Rote Grütze

Wasche **500 g Beeren** und gib sie mit **150 g Zucker** und **¹/₂ l Wasser** in einen Kochtopf. Lasse alles bei mittlerer Hitze aufkochen. Rühre öfter um, damit die Fruchtsuppe nicht anbrennt. Stelle die Herdplatte etwas niedriger, füge **100 g Sago** hinzu und rühre um. Dann 15 Minuten leicht kochen lassen. Fülle die Rote Grütze in Portionsschälchen oder in eine große Schüssel und lasse sie kalt werden. Verziere sie mit **Sahne** und **frischen Früchten**.

Die Rote Grütze mit Joghurt oder Quark in ein Glas schichten.

Tuschfarbe

100 g Schwarze
Johannisbeeren
50 ml Wasser

Johannisbeeren und Wasser in einen kleinen Kochtopf geben und aufkochen. Ungefähr 5 Minuten kochen lassen. Die Flüssigkeit aus dem Topf in ein Glas sieben. Fertig ist deine Malfarbe. Du kannst die Farbe mit etwas Wasser verdünnen, dann bekommst du ein helleres Rosa.

Salate

Eichblattsalat

Römischer Salat

Kopfsalat

Eisbergsalat

Friséesalat

Es gibt verschiedene Salat-sorten: Kopf-, Binde-, Schnitt- und Pflücksalat. Ein Salatkopf besteht aus vielen Blättern, die sich leicht auseinanderziehen lassen. Die äuße-ren Blätter sind groß und fest, die inneren zart und gelblich. Salat ist sehr gesund, weil er viele Vitamine enthält.
Salatblätter mußt du unter fließendem Wasser waschen, damit Sand und Insekten herausgespült werden. Schwenke ihn dann vorsichtig im Sieb aus. Auch Schnecken lieben deinen Salat. Sammele sie immer wieder ab und setze sie auf einer Wiese aus. Du kannst auch eine „Schneckenbarriere" aus Steinmehl oder Holzasche um die Salatpflanzen streuen.

Salatblätter gut abtropfen lassen.

Salatstange

Für 2 Personen

Schneide ein kleines **Stangen-weißbrot** einmal quer durch. Bestreiche es mit **Butter**, streue **Salz** und **Pfeffer** darauf. Belege es mit **Salat-blättern**, **Gurken-**, **Tomaten-**, **Ei-** und **Käsescheiben**, **Schinken** oder **Salami**. Lege die obere Hälfte wieder auf. Zerteile das Brot in 2 Portionen.

Eine gute Idee für unterwegs.

40

Bunter Sommersalat

Du brauchst: **1 Salatkopf**, **2 hartgekochte Eier**, **6 Radieschen**, **2 Tomaten**, **1 Salatgurke**, **1 Paprika**, **1 kleine Zwiebel**, **100 g Schafskäse** oder **Gouda**.
Wasche das Gemüse, schneide es klein und mische es in einer Salatschüssel. Verrühre die Zutaten für die Salatsoße und gieße diese darüber.

Essig Öl Soße

6 Eßlöffel Öl
2 Eßlöffel Essig
1/2 Teelöffel Senf
1/2 Teelöffel Salz
1 Prise Pfeffer
2 Eßlöffel gehackte Kräuter

Sahnesoße

200 g saure Sahne
1 Eßlöffel Zitronensaft
1 Eßlöffel Öl
1/2 Teelöffel Salz
1 Prise Pfeffer
2 Eßlöffel gehackte Kräuter

Mit gebackenen Kartoffeln oder Brot wird eine kleine Mahlzeit daraus.

Salat eignet sich auch für Balkonkästen.

Salat selbstgezogen

Du benötigst eine Tüte Salatsamen. Säe Ende März 1/3 des Samens aus. Zwischen den Saatrillen sollten 15 cm Abstand sein. Damit du den ganzen Sommer über Salat ernten kannst, säe alle zwei Wochen bis Juni neuen Samen aus (Folgesaat).

Beim Kopfsalat erntest du die ganze Pflanze, beim Pflücksalat entfernst du Blatt für Blatt und läßt das Mittelstück (Herz) stehen. Dann wachsen neue Blätter nach. Ernte Salat erst kurz vor dem Gebrauch, weil er sehr schnell welkt.

Achtung, wenn du nicht aufpaßt, haben Schnecken deine junge Salatpflanze verspeist.

Pfirsiche

Auch Bienen und Hummeln mögen die rosa Blüten im Frühling.

Pfirsiche haben eine samtweiche Haut. Darunter sitzt das saftige Fruchtfleisch und in der Mitte ein dicker Kern. Wirf ihn nicht weg, sondern pflanz ihn ein. Wenn du Glück hast, wird eine hübsche Pflanze daraus. Ein Pfirsichbaum trägt rosa Blüten, aus denen später die Früchte werden. Aber dazu brauchen sie viel Sonne. Je wärmer es ist, desto besser gedeihen sie. Bei uns entwickeln sich nur in geschützten Lagen Früchte.

Der Kern im Pfirsichstein ist bitter.

Ich pflanze jetzt meinen Pfirsichkern ein.

Den Blätterteig auftauen.

ausrollen

Den Blätterteig überklappen.

Pfirsichhälfte

Den Rand festdrücken.

Mit einer Gabel verzieren.

Gefüllte Blätterteigtaschen

Lasse **1 Paket Blätterteig** (**10 Teigblätter**) auftauen. Schäle **5 Pfirsiche**. Das geht leichter, wenn du sie vorher in heißes Wasser tauchst. Halbiere sie und entferne den Stein. Rolle den Blätterteig aus und lege auf jedes Teigstück eine Pfirsichhälfte. Gib **1 Teelöffel Zucker** oder **Honig** darüber. Klappe die Teigblätter zusammen, drücke den Rand fest, lege sie auf ein Backblech und backe sie bei 220 Grad (Gas Stufe 4) 20 Minuten.

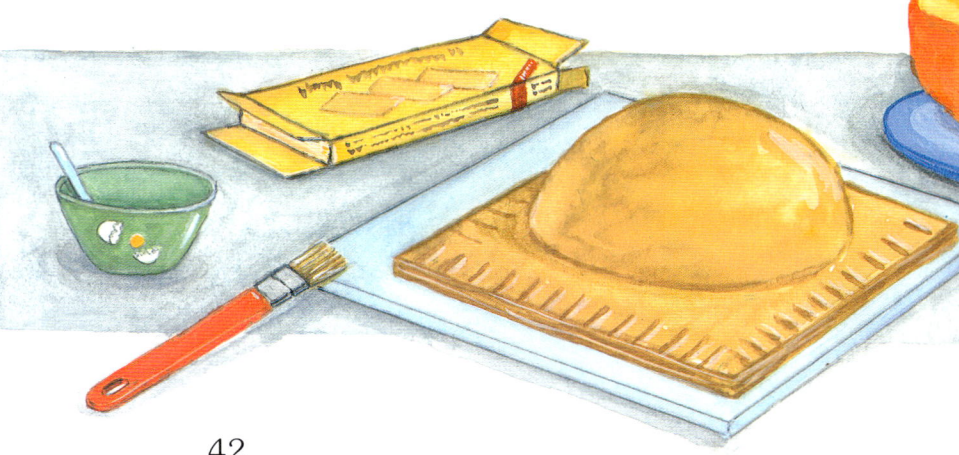

Bäumchen aus einem Pfirsichkern

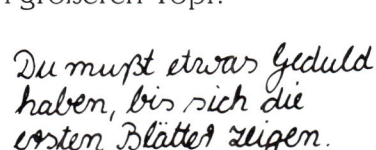

Schleife den Pfirsichstein mit Sandpapier an, dann keimt es besser.

Knacke den Stein vorsichtig mit einem Nußknacker an und lege ihn einen Tag lang in ein Glas mit warmem Wasser. Fülle einen Blumentopf mit Erde und stecke deinen Stein 2-3 cm tief hinein. Begieße die Erde gut, decke den Topf in den ersten Wochen mit einer Pappe ab und stelle ihn an einen warmen Ort. Nach etwa 2 Monaten erscheint die kleine Pflanze. Pflanze das Bäumchen jeden Frühling in einen größeren Topf.

Du mußt etwas Geduld haben, bis sich die ersten Blätter zeigen.

warmes Wasser

Pappe

Prickelnde Pfirsichbowle

Tauche **6 Pfirsiche** in heißes Wasser und schäle sie dann. Schneide die Pfirsiche in Stücke und lege sie in ein großes Bowlengefäß. Gib **2 Flaschen gut gekühlten Pfirsichsaft, 1 Flasche Mineralwasser** und den **Saft von ½ Zitrone** dazu. Alles gut umrühren.
Serviere die Bowle mit einer Schöpfkelle.
Du kannst auch noch Eiswürfel dazugeben.

Für die nächste Sommerparty:

Pfirsichboote

4 Pfirsiche waschen, halbieren und den Stein entfernen. In jede Pfirsichhälfte eine Eiskugel, Schlagsahne oder süßen Quark füllen. Mit Schokostreuseln, Waffeln und Fähnchen verzieren.

43

Bohnen

Brechbohnen

Wachsbohnen

Saubohnen

Bohnen wachsen üppig und blühen hübsch. Sie können weiße, rote oder blauviolette Blüten tragen. Es gibt die niedrigwachsenden Buschbohnen und die hochrankenden Stangenbohnen. Bohnen lassen sich auch in einem Blumenkasten ziehen. Säe sie im Freien nicht vor Mitte Mai aus. Vorher kannst du sie jedoch drinnen auf einer Fensterbank im Blumentopf vorziehen.

So keimt ein Bohnensamen.

2 Keimblätter

Keimling

Samenhülle

Keimwurzel

Blüten

Stangenbohne

Je öfter du die Bohnen pflückst, desto mehr wachsen wieder nach.

Mein Bohnenwigwam

Um einen blühenden Bohnenwigwam zu bekommen, benötigst du 10 Bambusstangen, die etwa 2 m lang sind. Stelle die Stangen in einem Kreis gegeneinander, binde sie oben zusammen und grabe sie etwa 10 cm in die Erde. Lasse eine Öffnung für den Eingang. Um jede Stange steckst du 10 Bohnensamen in die Erde. Die Bohnen mußt du regelmäßig gießen. Schon bald hast du ein dicht gewachsenes Zelt. Die schönen Blüten werden immerzu von Insekten besucht. Im August kannst du sogar Bohnen ernten.

Stangen gegeneinander lehnen, in den Boden drücken, oben festbinden.

44

Bohnenpfanne

Schneide von **750 g Bohnen** Stengel und Stielansatz ab und wasche sie. In reichlich **Salzwasser** läßt du sie etwa 10 Minuten gar kochen.
Schäle **1 Zwiebel** und **500 g Tomaten** und schneide sie in Würfel. Erhitze **2 Eßlöffel Öl** in einer großen Pfanne und gib die Zwiebeln, Tomaten und Bohnen hinein. Schmore sie 10 bis 15 Minuten. Rühre **200 g saure Sahne** hinein und würze mit **Salz** und **Pfeffer**.

Bohnen nie roh essen!

abtropfen lassen

Dazu schmecken Kartoffeln oder Brot.

Bohnensalat

Schneide bei den **Bohnen** Spitzen und Stielansatz ab und wasche sie. Koche sie in reichlich **Salzwasser** in etwa 10 Minuten gar. Schütte sie in ein Sieb und lasse sie abtropfen. Bereite eine Salatsoße aus **6 Eßlöffeln Öl**, **2 Teelöffeln Zitronensaft**, **1 Teelöffel Salz**, **1 Prise Pfeffer**, **2 Eßlöffeln Bohnenkraut** und **1 kleingeschnittenen Zwiebel**. Vermische die Soße mit den noch warmen Bohnen und lasse alles abkühlen. Wasche **1 rote Paprikaschote** und schneide sie in Streifen. Schneide **100 g Schafskäse** in Würfel und mische ihn mit der Paprika unter den Bohnensalat.

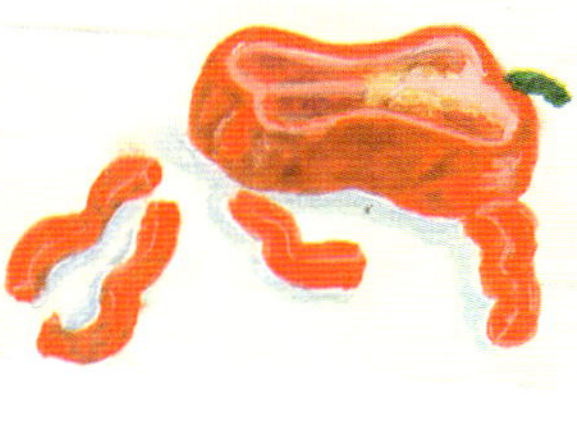

Mit Bohnenkraut kannst du deine Bohnengerichte würzen.

45

Kirschen

unreife Kirschen

Wespe

reife Kirschen

Kirschkern

Blüten

Biene

Im Frühjahr bilden sich wunderschöne weiße Blüten, aus denen im Juni saftige kleine Steinfrüchte werden. Man nennt sie so, weil sie einen Kern haben. Es gibt süße und säuerliche Kirschen, gelbe, rote und dunkelrote.
Es ist sehr schwierig, aus einem Kirschstein einen Baum zu ziehen. Deshalb besorgt man am besten ein Bäumchen in der Baumschule.

Sogar dann dauert es bis zur richtigen Kirschernte noch einige Jahre. Wenn du Kirschen waschen willst, laß die Stiele dran, sonst verlieren sie ihren Saft.
Damit du beim Essen nicht auf Kerne beißt, müssen Kirschen entsteint werden. Am besten geht das mit einem Kirschentsteiner.

Spieße ein paar Kirschen auf einen Holzspieß.

Kirschbecher

Verrühre 250g Quark mit 3 Eßlöffeln Zucker oder Honig, 2 Eßlöffeln Milch und 200g steifgeschlagener süßer Sahne. Teile die Quarkmasse in 2 Portionen. Rühre unter eine Portion 1 Eßlöffel Kakaopulver. Wasche 250g Kirschen und entsteine sie. Schichte die 2 Quarkportionen und die Kirschen abwechselnd in 4 Glasschälchen. Verziere die Kirschbecher mit Sahne, Kirschen und Schokostreusel.

Kirschtorte

Gib **160 g Butter**, **80 g Zucker**, **250 g Mehl** und **1 Eßlöffel kaltes Wasser** in eine Rührschüssel und verrühre alles miteinander. Fette eine Springform ein und verteile den Teig auf dem Boden. Drücke den Teig am Rand etwas zur Seite hoch. Verteile **1 kg gewaschene** und **entsteinte Kirschen** darauf.

Verrühre **500 g Quark** mit **2 Eiern** und **80 g Zucker** und gib die Masse auf die Kirschen. Backe den Kuchen im vorgeheizten Backofen bei 200 Grad (Gas Stufe 3) 30-40 Minuten.

Mit einem Kirschkernentsteiner lassen sich die Kirschen leicht entsteinen.

EINLADUNG zum Kirschfest

Kirschkern-Zielspucken

Mit Kirschkernen kann man wunderbar weit- oder zielspucken. Für das Zielspucken bemalst du Blumentöpfe aus Ton mit bunten Mustern, Formen oder Figuren. Dir fällt sicher einiges ein. Bemal gleich noch ein paar gesäuberte Kirschkerne, die du für die Punktzählung benötigst. Stell dann die Töpfe neben- und hintereinander auf. Von einer markierten Start-linie aus versuch nun, mit deinen Freunden Kirschkerne in die Töpfe zu spucken. Jeder Treffer zählt einen farbigen Kirschkern. Sieger ist, wer am Ende die meisten Kirschkerne besitzt.

Wer die meisten bunten Kirschkerne hat, ist: Kirschkernsieger

Bemale mehrere Blumentöpfe mit bunten Mustern.

Kohlrabi

blauer Kohlrabi

weißer Kohlrabi

Weil die dicke Knolle dieser Kohl-
art über der Erde wächst, wird sie
auch Oberknolle genannt. Eigentlich
ist sie nur der verdickte Teil des Sten-
gels. Mit einer Wachsschicht schützt sie sich
vor Raupen, Würmern und zu viel Sonne.
Es gibt blaue und weiße Kohlrabi. Die weißen
Knollen werden etwas schneller reif,
schmecken aber wie die blauen. Kohlrabi darf
nicht zu groß werden. Die Knollen sind dann
weniger zart, manchmal sogar holzig. Frisch
geernteter Kohlrabi schmeckt roh besonders
gut. Du kannst ihn aber auch in Würfel oder
Scheiben schneiden und weich kochen.
Schneide die Kohlrabiblätter klein und koche
sie gleich mit.

Kohlrabi schälen

Frischer Kohlrabi in
Scheiben geschnitten,
mit Petersilie und Salz
bestreut schmeckt
köstlich.

Kohlrabi-Möhrentopf

Schäle **2-3 Kohlrabi** und **600 g Möhren**
und schneide sie in Scheiben oder Stifte.
Wasche die **Kohlrabiblätter** und schneide
sie klein. Koche das Gemüse mit $^1/_4$ **l Wasser**,
bis es weich ist (etwa 10 Minuten). Füge $^1/_4$ **l
Sahne** hinzu und würze mit **Salz**, **Pfeffer**
und **1 Prise Muskat**.
Dieses Gericht kannst du auch in eine Auflaufform füllen, mit **100 g geriebenem Käse**
bestreuen und etwa 15 Minuten bei 200 Grad
(Gasstufe 3) im Backofen überbacken.

Pflanzgemeinschaft

Hinten ranken die Gurken, vorne wächst Kohlrabi.

Kohlrabi kannst du in einer Anzuchtkiste auf dem Fensterbrett aussäen. Später pflanzt du die Jungpflanzen ein. Oder du kaufst sie in einer Gärtnerei oder auf dem Markt. Die Jungpflanzen dürfen nur bis zu den Keimblättern in die Erde gepflanzt werden, sonst bilden sie keine richtigen Knollen. Aus demselben Grund dürfen sie nie dursten und auch nicht zu eng stehen. In einem Balkonkasten haben 5-6 Pflanzen Platz. In großen Gefäßen kannst du hinten Gurken ranken lassen und vorn noch eine Reihe Kohlrabi pflanzen. Du kannst die ersten Kohlrabi nach etwa 2 Monaten ernten, wenn die Knollen eine Größe von 6 cm haben.

Schlechte Pflanznachbarn für Kohlrabi sind Zwiebeln, Knoblauch und Kohlpflanzen. Auch Schnecken mögen die jungen Setzlinge gerne. Du sammelst sie am besten einfach ab.

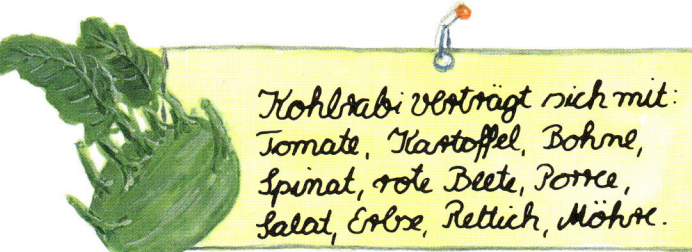

Kohlrabi verträgt sich mit:
Tomate, Kartoffel, Bohne, Spinat, rote Beete, Porree, Salat, Erbse, Rettich, Möhre.

Kohlrabisalat

Schäle **1-2 Kohlrabi**, **2 Möhren** und **1 Apfel**. Raspele das Gemüse in eine Schüssel.

Für die Salatsoße verrührst du **250 g saure Sahne**, **1 Eßlöffel Zitronensaft** oder **Essig**, **¼ Teelöffel Salz** und **2 Eßlöffel gehackte Petersilie** oder **Dill**. Vermische die Soße mit dem Gemüse und streue **gehackte Haselnüsse** oder **Sonnenblumenkerne** darüber.

Gemüsedip

Eine Überraschung zum Abendessen.

Kohlrabi

Paprika

Rettich

Möhre

Gurke

Quarksoße

Wasche das Gemüse (ungefähr 1 kg) und schneide es in lange Streifen. Verrühre 250 g Quark mit 200 g saurer Sahne, 1 Teelöffel Zitronensaft, 2 Eßlöffeln kleingeschnittenen Kräutern und etwas Salz. Nun kann es losgehen. Fülle die Soße in eine Schale und tauche die Gemüsestreifen ein.
Dazu gibt es Brot oder Brötchen.

Tomaten

Ein herrliches Sommergemüse sind Tomaten. Die sonnengereiften Früchte schmecken viel besser als die im Treibhaus gezogenen. Es gibt viele Sorten von Tomaten: die kleinen Cocktailtomaten (Kirschtomaten), Buschtomaten, Flaschentomaten und die großen Fleischtomaten. Tomaten wachsen auf dem Balkon ebensogut wie im Garten. Pflücke Tomaten, sobald sie rot sind. Die anderen wachsen dann schneller nach. Am Ende der Tomatensaison kannst du auch die unreifen Tomaten abschneiden. Sie reifen auf einem sonnigen Fensterbrett nach. Tomaten schmecken herrlich auf einem Butterbrot mit Zwiebelringen, Salz, Pfeffer und frischem Basilikum.

Fleischtomate

Samen

Flaschentomate

Kirschtomaten

Buschtomate

Aus der Blüte entwickeln sich die Früchte.

Heiß zu frisch gekochten Nudeln essen.

Tomatensoße

Wasche 1 kg Tomaten und schneide sie in kleine Stücke. Schäle 1-2 Zwiebeln und schneide sie in kleine Würfel. Erhitze 2-3 Eßlöffel Olivenöl und schmore die Zwiebeln darin etwas an, gebe dann die Tomatenstücke dazu. Öfter umrühren. Würze mit 1 Teelöffel Salz und ½ Teelöffel Zucker. Lasse alles ungefähr 30 Minuten kochen. Inzwischen die Nudeln kochen. Dazu gibt es geriebenen Käse.

50

Fliegenpilze im Grünen

Koche **4 Eier** in 10 Minuten hart und pelle die Schale
ab. Schneide vom breiten Ende der Eier die Spitze ab,
damit die Eier stehen können. Wasche **2 Tomaten** und
schneide sie in der Mitte durch. Höhle sie leicht aus und setze
sie auf die Eier. Jetzt kannst du die Pilzköpfe noch mit **Mayonnaise-
tupfern** verzieren. Zum Schluß setzt du deine „Fliegenpilze" auf
gewaschene **Salatblätter**.

Mozzarellabrötchen

Eine Brötchenhälfte mit 1 Teelöffel Olivenöl
beträufeln. Abwechselnd mit Tomatenscheiben und in Scheiben geschnittenem
Mozzarellakäse und 2-3 Basilikumblättern
belegen. Mit Salz und
Pfeffer
würzen.

Diese Fliegenpilze sind
eßbar.

Tomaten aus eigener Ernte

In einer Tüte sind
so viele Samen,
daß du sie mit
Freunden teilen
kannst.

Seiten-
trieb

Tomaten kannst du aus Samen
ziehen, oder du kaufst kleine
Pflänzchen. Ab Mitte Mai werden sie in nahrhafte Erde an
einen sonnigen und geschützten Ort gepflanzt. Sobald sie
höher wachsen, brauchen sie
eine Stütze, an der du sie
locker anbindest. Entferne die
Seitentriebe (Geiztriebe), die
sich in den Blattwinkeln bilden.
Denn sie schwächen das
Wachstum deiner Pflanze und
der Tomatenfrüchte. Tomaten
müssen oft gegossen werden,
aber möglichst nicht von oben.
Schütze sie vor anhaltendem
Regen, indem du eine Folie
über die ganze Pflanze ziehst.

Jungpflanze

Stelle die Pflanzen
an einen sonnigen,
geschütztesten
Platz.

Meine große
Gartenküche
im Herbst

Birnbaum

Birnen

Der Birnbaum ist verwandt mit dem Apfelbaum, aber er benötigt mehr Wärme als dieser. Deshalb reifen seine Früchte auch erst später, im September.

Unsere saftigen und süßen Gartenbirnen stammen von der wild wachsenden Holzbirne ab, die manchmal noch im Wald zu finden ist.

Birnen gibt es auch als Spindelbüsche, die nur wenig Platz benötigen. Schon nach kurzer Zeit tragen sie Früchte. Da sie nicht sehr groß werden, kannst du sie ohne Leiter ernten. Sind die Birnen reif, können sie mit einer leichten Drehbewegung gelöst werden. Birnen lassen sich nicht so gut lagern, darum werden sie am besten gleich gegessen oder verarbeitet.

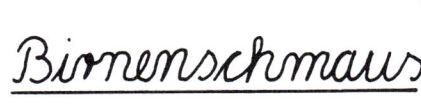

Kerne

Für 2 Personen

Obstbaumbeschnitt

Gleich nach dem Einpflanzen muß der junge Baum auf 1 Haupttrieb und 3 Leitäste zurückgeschnitten werden. Der Beschnitt fördert das Wachstum der Pflanze. Du solltest den Baum jedes Jahr im Herbst etwas zurückschneiden. Ein Obstbaum sollte nicht zu viele Zweige und Äste haben, das erhöht den Ertrag der Obsternte. Der Baumbeschnitt ist aber nicht so einfach. Wird der Baum an den falschen Stellen zurückgeschnitten, schadet das der Pflanze. Du solltest es darum lieber mit jemandem zusammen machen, der es sehr gut kann.

Gartenschere

Birnenschmaus

Verrühre **250 g Joghurt** oder **Quark** mit **5-6 Eßlöffeln Sahne**, **2 Eßlöffeln Honig**, **2 Eßlöffeln gehackten Haselnüssen** und **1 Prise Zimt**. Wasche **2 Birnen**, schneide sie in kleine Stücke und beträufel sie mit **etwas Zitronensaft**. Dann rühre sie unter die Creme. Fülle die Creme in Schalen und garniere das Ganze mit dünnen Birnenscheiben und Nüssen.

Schmeckt warm und kalt.

Birnenkuchen

Schäle **1 kg Birnen**, halbiere sie und entferne die Kerngehäuse. Verrühre **150 g Butter**, **150 g Zucker**, **3 Eier**, **300 g Mehl**, **3 Teelöffel Backpulver**, **¹/₈ l Milch**, **100 g zerkleinerte Schokolade**, **1 Eßlöffel** Kakao, **4 Eßlöffel Haferflocken** und **1 Prise Zimt**. Fülle ²/₃ des Teigs in eine eingefettete Springform, drücke die Birnen leicht hinein und gib den restlichen Teig darüber. Im vorgeheizten Backofen etwa 1 Stunde bei 200 Grad (Gas Stufe 3) backen.

Dazu schmeckt Sahne und Vanilleeis.

Birne Helene

Halbiere **4 Birnen**, hole mit einem Löffel die Kerngehäuse heraus und höhle die Früchte etwas aus. Lege in jede Birnenhälfte **1 Kugel Vanilleeis** und gieße **heiße Schokoladensoße** darüber.

Birnen-Quarkauflauf

Wasche **3 Birnen**, schneide sie in Stücke und entferne die Kerngehäuse. Verrühre **50 g Butter** oder **Margarine** mit **60 g Zucker**, **3 Eiern**, **1 Eßlöffel Zitronensaft**, **500 g Quark** und **5 Eßlöffeln Grieß**. Fülle die Hälfte der Quarkmasse in eine eingefettete Auflaufform und belege sie mit den Birnenstücken. Gib die restliche Quarkmasse darüber. Bei 180 Grad (Gas Stufe 2) etwa 60 Minuten backen.

Schokoladensoße

Breche **150 g Schokolade** in Stücke und gib sie mit **200 g Sahne** in einen Topf. Langsam erhitzen, bis die Schokolade geschmolzen ist, dabei öfter umrühren.

Birnenigel

Spieße kleine Obststücke auf Zahnstocher und stecke sie in eine Birnenhälfte.

Probiere auch 1 Eßlöffel Sahne oder süßen Quark als Füllung.

Pflaumen

Pflaumen, Zwetschgen, Mirabellen und Renekloden gehören zur Steinobstfamilie.
Wie unterscheiden sich aber Pflaumen und Zwetschgen? Pflaumen sind groß, rundlich und weichfleischig und haben eine ausgeprägte „Fruchtnaht". Der Kern ist fest mit dem Fruchtfleisch verbunden. Die meisten Sorten reifen im August/September. Zwetschgen erkennt man an ihrer länglichen Form, dem festen Fruchtfleisch, das sich leicht vom Stein löst, und der blauen Farbe. Zur selben Zeit sind die Renekloden und Mirabellen reif. Sie schmecken sehr süß.

Zwetschge Pflaume Reneclaude Mirabelle Kern

Pflaumenmus

Wasche und zerkleinere **500 g entsteinte Pflaumen** oder **Zwetschgen**. Koche sie mit **175 g Gelierzucker** und **1 Zimtstange** in einem Topf 15-20 Minuten und rühre die Masse oft um. Fülle das fertige Pflaumenmus noch heiß in gut ausgespülte Schraubgläser und verschließe sie gleich.

Obstsalat

1 Portion

Wasche **1 Birne**, **1 Apfel** und **125 g Zwetschgen**. Entferne Kerngehäuse und Steine und schneide das Obst klein. Verrühre **1 Teelöffel Honig** mit **1 Eßlöffel Orangensaft** und mische es unter das Obst. Gib **1 Eßlöffel Rosinen** und **gehackte Nüsse** dazu. Mit einem Klacks **Sahne** oder **Joghurt** garnieren.

Milchreis

Für 2 Personen

Bringe **1/2 l Milch** mit **1 Prise Salz** zum Kochen. Gib **125 g Milchreis** (Rundkornreis), **2 Eßlöffel Zucker** oder **Honig** dazu. Lasse den Reis bei schwacher Hitze etwa 30 Minuten quellen. Rühre immer wieder um, damit der Reis nicht anbrennt. Bestreue den Reis mit **Zimtzucker** (**1 Teelöffel Zimt vermischt mit 2 Eßlöffeln Zucker**). Dazu gibt es kleingeschnittene Zwetschgen oder Obstsalat.

Einen Obstbaum pflanzen

Die beste Pflanzzeit für Obstbäume ist im Herbst oder im frühen Frühjahr. Einen jungen Obstbaum besorgst du dir am besten in einer Baumschule. Vor dem Einpflanzen werden vertrocknete oder beschädigte Wurzelspitzen zurückgeschnitten. Stelle das Bäumchen für einige Stunden in einen Eimer mit Wasser. Suche dann einen sonnigen und windgeschützten Platz. Am besten wird zu zweit gepflanzt. Hebe eine Grube mit einem Spaten aus. Sie muß doppelt so groß sein wie der Wurzelballen. Vermische die ausgehobene Erde mit Kompost. Zuerst wird ein Holzpfahl ganz gerade in die Erde gesteckt und dann das Bäumchen daneben gesetzt. Die Veredelungsstelle, die als Verdickung tief unten am Stamm sichtbar ist, muß nach dem Einpflanzen knapp über dem Boden sein. Während einer den Baum hält, füllt der andere das Pflanzloch mit der Erde-Kompostmischung wieder auf. Den Baum dabei etwas schütteln, damit sich keine Hohlräume an den Wurzeln bilden. Stampfe dann den Boden rund um den Baumstamm fest. Binde das Bäumchen an den Holzpfahl und gieße die Erde kräftig.

Pflaumenkuchen

Rühre **125 g Margarine** oder **Butter** mit **125 g Zucker** in einer Schüssel schaumig. Gib **2 Eier**, **250 g Mehl**, **2 Teelöffel Backpulver** und **1/8 l Milch** dazu. Gieße den Teig in eine eingefettete Springform und verstreiche ihn. Halbiere und entsteine **500-700 g Zwetschgen** und lege sie dicht auf den Teig. Backe den Kuchen 40-50 Minuten im vorgeheizten Backofen bei 175 Grad (Gas Stufe 2). Bestäube ihn nach dem Erkalten mit Puderzucker.

Pflaumenkernspiel

Male viele Pflaumenkerne verschieden bunt an. Jeder Mitspieler erhält die gleiche Anzahl Kerne derselben Farbe. Zeichne auf eine feste Pappe eine Zielscheibe. Nacheinander darf jeder Mitspieler aus derselben Entfernung einen Kern werfen. Wer als erster in alle Kreise einen Kern geworfen hat, hat gewonnen.

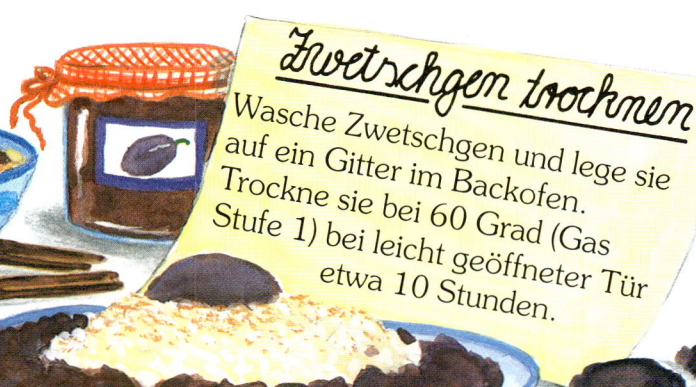

Zwetschgen trocknen

Wasche Zwetschgen und lege sie auf ein Gitter im Backofen. Trockne sie bei 60 Grad (Gas Stufe 1) bei leicht geöffneter Tür etwa 10 Stunden.

Die bunten Spielkerne in einer Schachtel aufbewahren.

Zucchini

Blüte

Zucchini gehören zur Familie der Kürbis-gewächse. In unseren Gärten sind sie immer häufiger zu finden, da sie meist eine große Ernte versprechen. Am zartesten und schmack-haftesten sind die noch unreifen Früchte mit einer Länge von 10 cm, an denen noch Blüten sind. Zucchini lassen sich vielseitig für Salate oder in warmen Gerichten verwenden. Sogar die hübschen Blüten der Zucchini kannst zu essen. Tauche sie in Pfannkuchenteig und backe sie in Öl goldbraun aus.

runde Zucchini

Am Komposthaufen gedeihen Zucchini besonders gut.

Zucchini brauchen Platz

Zucchinipflanzen werden sehr groß und tragen viele Früchte. Deshalb reichen zwei Pflanzen. Für jede Pflanze rechnet man 1 qm Fläche. Zucchini brauchen viel Sonne und Wärme, Frost vertragen sie gar nicht. Wenn du früh ernten möchtest, säst du die Samen Ende April in Blumentöpfen aus und pflanzt die jungen Pflanzen Ende Mai in den Garten. Du kannst die Zucchinisa-men aber auch ab Mitte Mai direkt in den Garten aussäen. Du schützt deine Pflanzen vor Kälte, aber auch vor gefräßigen Schnecken, indem du sie mit einem Weckglas abdeckst. Sind die Pflanzen groß und widerstandsfähig, kannst du das Weckglas weg-nehmen. Die Zucchini solltest du pflücken, wenn sie 15-20 cm groß sind. Ernte die Früch-te regelmäßig, damit sie nicht überreif werden und neue Früchte nachwachsen können.

Vor Kälte schützen.

Zucchini-Eierkuchen

Wasche **500 g Zucchini** und schneide sie in Scheiben. Erhitze **2 Eßlöffel Öl** in einer Pfanne und schmore die Zucchini-scheiben etwa 10 Minuten darin an. Ver-quirle **6 Eier** mit **etwas Salz** und **Pfef-fer**. Gieße die Eiermasse über die Zucchini. Backe den Eierkuchen von bei-den Seiten, bis er fest ist.

Schmeckt auch kalt auf Butterbrot.

Zucchini-Pizza

1 Backblech

Verrühre 450 g Weizenmehl mit 1 Päckchen Trockenhefe, ¹/₄ l **warmer Milch**, ¹/₂ **Teelöffel Zucker** und **1 Teelöffel Salz**. Verknete alles zu einem Teig. Lasse ihn in einer Schüssel 30 Minuten an einem warmen Ort gehen. Mit einem Geschirrtuch zudecken. Dann knete den Teig nochmals kräftig und rolle ihn auf einem eingefetteten Backblech aus. Lasse ihn 10 Minuten gehen.

Bestreiche den Teig mit **4-5 Eßlöffeln Tomatenmark**. Würze mit **etwas Salz**, **Pfeffer**, **getrocknetem Basilikum** oder **Thymian**. Wasche **500 g Zucchini** und **250 g Tomaten**, schäle **1 Zwiebel** und schneide alles in Scheiben. Belege den Pizzateig mit dem Gemüse und gib etwa **100 g geriebenen Käse** darüber. Im vorgeheizten Backofen bei 200 Grad (Gas Stufe 3) 30-40 Minuten backen.

Du kannst den Pizzabelag ganz nach deinem Geschmack verändern: mit Champignons oder Salamischeiben, Paprikastreifen, Oliven und vielem mehr.

Zucchinigemüse

Wasche **1 kg Zucchini**, schneide sie in Scheiben und schmore sie in **2 Eßlöffeln Öl** an. Gib ¹/₈ l **Brühe** und **4 Eßlöffel Tomatenmark** dazu. Koche alles 10 Minuten. Rühre **200 g süße** oder **saure Sahne** und **3 Eßlöffel gehackte Petersilie** unter. Würze mit **Salz**, **1 Prise Pfeffer** und **Zucker**. Dazu schmecken gekochte Nudeln oder Kartoffeln.

Zucchinispieße

2 Spieße

Wasche **2 kleine Zucchini**, schneide sie in Scheiben und schmore sie in **2 Eßlöffeln Öl** 5 Minuten an. Bestreiche **2 Scheiben Brot** mit **Butter** oder **Frischkäse**, klappe sie zusammen und schneide sie in Würfel. Stecke auf Holzspieße abwechselnd die Brotwürfel und Zucchinischeiben. Gib 1 Eßlöffel saure Sahne oder Kräuterquark obenauf.

Köstlich diese Pizza...

Kürbis

Turbankürbis

Spaghettikürbis

Birnenkürbis

Kürbiskerne

Der Kürbis gilt als der Riese im Garten. Er ist sehr beliebt wegen seiner schönen gelben Blüten, aus denen sich später die großen Kürbisfrüchte entwickeln. Der Kürbis hat eine dicke, harte Schale, die das saftige Fruchtfleisch schützt. Die Pflanze hat große Blätter und meterlange Ranken, so daß die Früchte oft weit von der Pflanzstelle entfernt liegen. Innerhalb kurzer Zeit wachsen die Kürbisse zu einer beträchtlichen Größe heran und wiegen nicht selten über 50 kg. Geerntet wird erst nach der Vollreife im Spätherbst. Kürbisse sind ein guter Vorrat für den Winter. Kühl und luftig gelagert, hält sich ein Kürbis wochenlang. Weniger bekannte Kürbissorten sind der Birnenkürbis, der Turbankürbis oder der Spaghettikürbis, der nach dem Kochen im Inneren spaghettiähnliche Fäden hat.

Kürbislaterne

1. Schneide mit einem Messer den oberen Teil eines Kürbisses vorsichtig auf.
2. Höhle den Kürbis mit einem Löffel aus. Das Fruchtfleisch kannst du für eine Kürbistorte oder eine Kürbissuppe verwenden.
3. Schneide mit einem Messer ein Gesicht oder Muster in den Kürbis.
4. Stelle Teelichter in den ausgehöhlten Kürbis, und fertig ist eine wunderschöne Herbstdekoration.

Den oberen Teil abschneiden,

aushöhlen

... und Teelichter hineinstellen.

Kürbiscreme

Koche **200 g Kürbisfleisch** in wenig Wasser 30 Minuten weich. Zerdrücke es mit einer Gabel zu Mus und gib **100 g Frischkäse**, **Salz**, **Pfeffer**, **1 Eßlöffel gehackte Petersilie** oder **Dill** dazu.

Kürbisfest

Kürbispflanzen lieben Kompost

Du kannst die Pflanzen ab Mitte April im Blumentopf am Fenster vorziehen. Mitte Mai werden sie dann in den Garten gepflanzt. Eine Pflanze benötigt viel Platz, etwa 3 qm. Am besten wächst der Kürbis an einem Komposthaufen. Mische viel Komposterde in das Beet, so daß ein kleiner Hügel entsteht. Werden die Früchte groß und schwer, solltest du sie auf Holz oder Stroh legen, damit sie trocken liegen und nicht faulen. Klopfst du an die Schale, und es klingt hohl, kann der Kürbis geerntet werden.

Gartenkürbis

Kürbissuppe

Schneide **1 kg Kürbisfleisch**, **2 geschälte Kartoffeln** und **1 Zwiebel** in Würfel. Erhitze **2 Eßlöffel Öl** in einem Topf, dünste das Gemüse darin an und gieße **1/2 l Gemüsebrühe** dazu. Etwa 30 Minuten kochen lassen. Zerdrücke mit einem Kartoffelstampfer das Gemüse. Würze mit **Salz**, **Pfeffer**, **1 Prise Muskat** und **Koriander**. Rühre **150 g saure** oder **süße Sahne** unter. Garniere die fertige Suppe mit **Mandelblättchen** und **gehacktem Dill** oder **Schnittlauch**.

Male getrocknete Kürbiskerne bunt an und fädel sie zu Ketten auf oder nehme sie als Spielmarken.

Kürbiskuchen

Verknete **150 g Butter** oder **Margarine**, **250 g Mehl**, **1 Ei**, **1/2 Teelöffel Salz** zu einem Teig. Stelle ihn 30 Minuten kalt. Schneide **1 kg Kürbisfleisch** in Stücke und koche sie in wenig Wasser 20 Minuten. Verquirle **2 Eier** mit **1/8 l Sahne** und **150 g geriebenem Käse**. Würze mit **Salz** und **Pfeffer** und gib das Kürbisfleisch dazu. Rolle den Teig aus, lege ihn in eine runde Springform und drücke ihn am Rand etwas hoch. Verteile die Kürbismasse auf dem Teigboden und garniere sie mit Kürbiskernen. Backe den Kuchen bei 200 Grad (Gas Stufe 3) 30-40 Minuten, bis er goldbraun ist.

Die fertige Suppe in einen ausgehöhlten Kürbis füllen.

Sellerie

Knollensellerie

Sellerie wird unterschieden in Knollensellerie und Bleich-, auch Stangen- oder Staudensellerie genannt. Vom letzteren werden die gebleichten Blattstiele geerntet. Die Stangen werden gebleicht, indem sie vor Licht geschützt werden. Dadurch bleiben die Stangen weiß und zart. Knollensellerie wird wegen seiner Knolle angebaut. Er ist frostempfindlich und sollte deshalb bis Ende Oktober geerntet werden. Stangensellerie ist nicht so frostempfindlich, er bekommt sogar durch leichten Frost einen besseren Geschmack.
Sowohl Knollensellerie als auch Stangensellerie können roh und gekocht verwendet werden.

Sellerieblätter kannst du zum Würzen von Suppen verwenden.

Knollensellerie schälen.

Waldorfsalat

Wasche, schäle und raspele **1 Knollensellerie (300 g)** und **2 Äpfel (200 g)** und beträufel sie mit **1-2 Eßlöffeln Zitronensaft**. Verrühre **150 g Sahne** mit **50 g gehackten Walnüssen** oder **Haselnüssen**, **Salz**, **1 Prise Pfeffer** und **Zucker**. Gieße die Soße über den Salat.

Überbackenen Sellerie

Wasche **800 g Stangensellerie**, schneide ihn in Stücke und koche ihn in 1/2 l Salzwasser etwa 15 Minuten. Lege den Stangensellerie in eine eingefettete Auflaufform. Wasche **3 Tomaten**, schneide sie in Würfel und gib sie zum Sellerie. Verrühre **200 g Sahne** mit **100 g geriebenem Käse**. Würze mit **Salz**, **Pfeffer** und **Muskat**. Gieße die Soße über das Gemüse. Im vorgeheizten Backofen bei 200 Grad (Gas Stufe 3) 20 Minuten backen.

Stangensellerie bleichen

Stangensellerie kaufst du am besten als Setzlinge auf dem Markt oder in einer Gärtnerei. Pflanze die Setzlinge in einem Abstand von 20 cm in die Erde. Gut gießen, sie sollten nie trocken stehen. Ist die Pflanze etwas größer geworden, wird sie gebleicht. Hierfür wird sie zusammengebunden und mit Erde angehäufelt, so daß nur ein Büschel von Blättern aus der Erde herausguckt. Du kannst aber auch den zusammengebundenen Stangensellerie in Stroh, Zeitungs- oder Packpapier einwickeln. Nach 2-3 Wochen ist die Bleiche abgeschlossen. Nun können die Blätter nach und nach geerntet werden.

Stangensellerie
Staudensellerie
Bleichsellerie

Bleichen von Stangensellerie mit einem Papp- oder Zeitungskragen.

Sellerieschnitzel

Schäle etwa **600 g Knollensellerie** und koche ihn in reichlich Salzwasser 30-40 Minuten. Schneide den gekochten Sellerie in 1 cm dicke Scheiben und würze ihn mit **Salz** und **Pfeffer**. Verquirle **1 Ei** und wende die Selleriescheiben darin, danach in **Semmelbröseln** wenden. Erhitze in einer Pfanne **2 Eßlöffel Öl** und brate die Selleriescheiben von beiden Seiten goldgelb.

Selleriequark

Verrühre **250 g Quark** mit **3-4 Eßlöffeln Milch** oder **Sahne**, **3 Eßlöffeln gehacktem Schnittlauch**, **1 Teelöffel Senf** und **1 Eßlöffel Zitronensaft**. Gib **100 g feingeriebenen Knollensellerie** oder **kleingeschnittenen Stangensellerie** und **1 gewürfelte Zwiebel** dazu. Würze mit **Salz** und **Pfeffer**.

Stangensellerie in Quark oder Soße tauchen.

Blumenkohl

weißer Blumenkohl

aufgeschnitten

Blumenkohl ist eine besonders beliebte und wohlschmeckende Gemüsesorte. Beim Blumenkohl wird der Blütenstand gegessen, der sich aus vielen Blumenkohlröschen zusammensetzt. Erntest du ihn nicht, wird er ungenießbar und bildet Blüten. In ihnen entstehen dann die Blumenkohlsamen.

Blumenkohlröschen

grüner Blumenkohl

Blumenkohlcurry

Schäle **350 g Kartoffeln**, **1 Zwiebel** und schneide sie in Würfel. Zerteile **750 g Blumenkohl** und schneide **1 Stange Lauch** in Ringe. Erhitze **2 Eßlöffel Öl** und schmore die Zwiebelwürfel darin an. Gib dann die Kartoffelstücke und das restliche Gemüse dazu. Würze mit **Salz**, **Pfeffer**, **Muskat** und **Curry**. Gieße **1/4 l Wasser** dazu und lasse alles 20 Minuten leicht kochen. Rühre zum Schluß noch **100 g saure Sahne** unter.

Vorbereitungen

Um kleine Tierchen zu entfernen, die zwischen den Blumenkohlröschen versteckt sein können, legst du den Blumenkohl vor dem Kochen etwa 1/2 Stunde kopfüber in Salzwasser.

Blumenkohl abspülen

Den Strunk kreuzweise einschneiden, damit er gar wird.

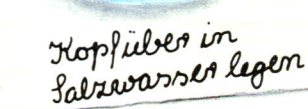

Blätter abschneiden

Kopfüber in Salzwasser legen.

Im Garten anpflanzen

Da die Anzucht von Blumenkohl nicht so einfach ist, solltest du dir kleine Pflanzen in einer Gärtnerei besorgen.
Blumenkohl benötigt nährstoffreiche und feuchte Erde. Neben Sellerie gedeiht er besonders gut. Blumenkohl braucht viel Platz, du solltest 50 cm pro Pflanze einplanen.
Du kannst den Blumenkohl vor Licht schützen, indem du die Blätter über seinen Kopf legst, sonst verfärbt er sich braun und

Die großen Außenblätter über den Blumenkohl legen.

schmeckt dann nicht mehr. Trotz aller Schwierigkeiten lohnt sich der Anbau, da du mit einem besonders schmackhaften Gemüse belohnt wirst.

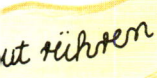

Helle Soße

Lasse **40 g Butter** in einem Topf schmelzen. Gib unter ständigem Rühren **40 g Mehl** dazu. Gieße ganz langsam **½ l Milch** dazu und rühre, damit sich keine Klümpchen bilden. Lasse alles bei kleiner Hitze 5 Minuten kochen, aber vergiß das Rühren nicht. Würze mit **Salz**, **Pfeffer** und **Muskat**. Zerkleinere einen ganzen **Blumenkohl** und koche ihn 10-15 Minuten. Nimm den Blumenkohl mit einem Schaumlöffel heraus und lege ihn in eine Schüssel, gieße die Soße darüber. Dazu schmecken gekochte Kartoffeln oder Nudeln.

Blumenkohl im Beet

Koche **1 kg Kartoffeln** 30 Minuten in Wasser, bis sie gar sind. Lasse sie abkühlen, pelle und schneide sie in Scheiben. Wasche **1 großen Blumenkohl** und koche ihn in Salzwasser 20 Minuten. Fette eine Auflaufform ein, lege eine Schicht Kartoffelscheiben hinein und bestreue sie mit **Salz** und **Pfeffer**. Setze den Blumenkohl in die Mitte und lege die restlichen Kartoffelscheiben schuppenartig darum. Würze mit **Salz**, **Pfeffer** und **Muskat**. Wasche **4 Tomaten**, schneide sie in Viertel und lege sie um den Blumenkohl. Gieße über alle Zutaten **100 g Sahne** und verteile **100 g geriebenen Käse** und **Butterflöckchen** darüber. Bei 200 Grad (Gas Stufe 3) etwa 20 Minuten überbacken.

Den Blumenkohl mit einem Schaumlöffel und einer Gabel aus dem Topf nehmen.

Hauptblütenstand

Seiten-
blütenstand

Brokkoli

Brokkoli ist eigentlich eine Blumenkohlart. Er wird auch als Winterblumenkohl bezeichnet oder als Spargelkohl. Seine Stengel schmecken ähnlich wie Spargel, seine Blütenköpfe wie Blumenkohl. Meist hat er eine tiefgrüne Farbe, aber es gibt auch weiß und violett gefärbte Sorten.

Der Anbau von Brokkoli lohnt sich schon im kleinsten Garten, weil du in der Saison mehrmals ernten kannst. Da Brokkoli etwas Frost verträgt, kannst du ihn ruhig bis zum Spätherbst im Garten stehenlassen. Und bei mildem Wetter kannst du oft bis Ende November kleine Röschen ernten.

Brokkolitoast

Wasche **300 g Brokkoli**, zerteile ihn in Röschen und koche ihn 5 Minuten in Salzwasser. Toaste inzwischen **4 Brotscheiben** und bestreiche sie mit **etwas Butter** oder **Margarine**. Lasse den Brokkoli abtropfen und verteile ihn auf den Brotscheiben. Würze mit **Salz** und **Pfeffer**. Lege jeweils **1 Scheibe Käse** obenauf und überbacke das Ganze im vorgeheizten Backofen etwa 5-7 Minuten bei 200 Grad (Gas Stufe 3).

Brokkoli in Sahnesoße

Erhitze ¼ **l Sahne** und ¼ **l Milch** und gib **100 g Frischkäse** dazu. Lasse alles unter ständigem Rühren bei niedriger Hitze 15 Minuten kochen. Würze mit **Salz**, **Pfeffer** und **1 Prise Muskat**. Wasche und zerkleinere **1 kg Brokkoli**. Koche ihn in etwas Salzwasser 5-8 Minuten. Lasse ihn anschließend in einem Sieb abtropfen und verteile ihn auf 4 Tellern. Mit der Sahnesoße übergießen und mit geriebenem Käse bestreuen.

Vor dem Kochen:

Den Strunk schälen und in Scheiben schneiden.

Brokkoli in Röschen zerteilen.

Brokkoli im Garten anbauen

Brokkoli mußt du ab März im Haus vorziehen, oder du besorgst dir kleine Setzlinge, die du im Mai in den Garten pflanzt. Er gedeiht in fast jeder Erde, aber sie sollte gut gedüngt sein. Außerdem benötigt Brokkoli viel Wasser. Sobald die Pflanzen dicke, geschlossene grüne Blütenköpfe gebildet haben, solltest du schnell ernten. Die Knospen dürfen sich nicht öffnen oder blühen, weil der Brokkoli dann nicht mehr so gut schmeckt. Schneide zuerst den Hauptblütenstand etwa 15 cm unterhalb der Blüte ab. Nach der ersten Ernte bilden sich neue Seitentriebe mit kleineren, grünen Blütenköpfen aus, die du nach und nach ernten kannst.

Zuerst den Hauptblütenstand schneiden.

Muskatnuß

Mit geriebener Muskatnuß würzen.

Brokkolisuppe

Wasche **600 g Brokkoli** und schneide die Röschen ab. Schäle **1 Zwiebel**, hacke sie klein und schmore sie in einem Topf mit **etwas Butter** an. Gib **³/₄ l Gemüsebrühe** und die Brokkoliröschen dazu. Bei kleiner Hitze 10 Minuten kochen lassen. Zerdrücke mit einem Kartoffelstampfer das Gemüse. Würze mit **Salz**, **Pfeffer** und **etwas Muskat**. Rühre **4 Eßlöffel Sahne** unter und bestreue die fertige Suppe mit **Mandelblättchen**.

Brokkolitorte

Verknete **100 g Butter** oder **Margarine** mit **200 g Mehl**, **4 Eßlöffeln Milch** und **1 Prise Salz** zu einem Teig. Etwa ½ Stunde kaltstellen. Wasche und zerteile **500 g Brokkoli** in Röschen und koche ihn in Salzwasser 5 Minuten. Verrühre **100 g saure Sahne** mit **2 Eiern**, **125 g geriebenem Käse** und würze mit **Salz**, **Pfeffer** und **Muskat**.
Rolle den Teig aus und lege ihn auf den Boden einer eingefetteten Springform, am Rand etwas hochdrücken. Verteile den Brokkoli auf dem Teig und gieße die Sahnemischung darüber. Im vorgeheizten Backofen bei 180 Grad (Gas Stufe 2) 30 Minuten backen.
Wer es etwas würziger mag, kann auch noch 125 g gekochten Schinken kleinschneiden und in die Soße geben.

67

Kopfkohl

Wirsingkohl

Über Jahrhunderte züchtete der Mensch aus Wildkohl die heute bekannten Kopfkohlsorten: Weißkohl, Rotkohl und Wirsingkohl. Bei den Kopfkohlsorten ist die ganze Wachstumsenergie auf die Blattbildung konzentriert, wobei sich die Blätter zu festen Köpfen zusammenschließen. Ein ganz typischer Kopfkohl ist der Weißkohl. Seine glatten Blätter mit den festen Rippen sind zu einem festen Kopf geschlossen, der recht schwer werden kann. Er wächst zu runden oder spitzen Formen. Der Rotkohl stellt eine Variante des Weißkohls dar, er fällt schon durch seine Farbe auf. Der Wirsingkohl ist mit seinen tiefgefurchten Blättern eine besonders schöne Kohlsorte.

Weißkohl

Rotkohl

Die Raupen des Kohlweißling fressen gerne Kohle.

Gemüseeintopf

Schneide **500 g Weiß-** oder **Wirsingkohl** in dünne Streifen. Wasche **1 Porreestange** und schneide sie in Ringe. Schäle **4 Möhren**, **4 Kartoffeln** und **1 Zwiebel** und schneide sie in Würfel. Brate die Zwiebel und den Kohl in **2 Eßlöffeln Öl** an. Gib dann das restliche Gemüse, ¾ **l Wasser** und **1 Brühwürfel** dazu. Lasse alles 30 Minuten garen. Würze mit **Salz**, **Pfeffer**, **Zucker**, **Muskat** oder **Paprika**. Verfeinere den Eintopf mit **gehackter Petersilie** oder **Schnittlauch**.

Kohl zerkleinern

Entferne die äußeren Blätter und schneide den Strunk unten heraus.
Schneide den Kopf in vier Teile, zuerst von oben nach unten halbieren, dann jede Hälfte noch einmal der Länge nach teilen.

Den geteilten Kohlkopf in schmale Streifen schneiden.

Kohl anpflanzen

Von fast allen Kohlsorten gibt es frühe, mittlere und späte Sorten. Die späten Kohlsorten, die im Herbst und Winter reif zum Ernten sind, werden im Mai gesät. Ab März kann im Frühbeet ausgesät werden. Wenn die Pflanzen 10-15 cm groß sind, werden sie an den für sie vorgesehenen Ort im Garten gepflanzt. Du kannst dir auch ein paar kleine Pflänzchen in einer Gärtnerei besorgen. Bedenke, daß Kohl sehr viel Platz braucht, um sich richtig entwickeln zu können. Pflanze die kleinen Pflänzchen in einem Abstand von 50 cm. Da der Kohl sehr viele Blätter entwickeln muß, benötigt er neben reichlich Wasser auch viele Nährstoffe.

Die Raupen des Kohlweißling fressen Kohl in großen Mengen. Lieber die Raupen absammeln, wenn es zu viele sind, und kein Gift verwenden.

aufgeschnittenes Rotkohl

Reisbratlinge

Bringe **1 Tasse Reis** in **2 Tassen Brühe** zum Kochen und lasse ihn bei geringer Hitze 20 Minuten quellen. Verrühre den gekochten Reis mit **1 Ei**, **2 Eßlöffeln Mehl**, **50 g geriebenem Käse**, **1 Eßlöffel gehackter Petersilie**, **1 kleingeschnittenen Zwiebel**, **etwas Salz** und **Pfeffer**. Forme aus der Masse Bratlinge. Erhitze **2 Eßlöffel Öl** in einer Pfanne und brate die Reisbratlinge von beiden Seiten knusprig.

Apfelrotkohl

Schneide **800 g Rotkohl** in Streifen und wasche ihn. Schneide **1 Zwiebel** und **2 gewaschene Äpfel** in Würfel. Schmore alles in **2 Eßlöffeln Öl** an, gieße **¼ l Brühe** darüber und gib **50 g Rosinen** dazu. Etwa 30 Minuten leicht kochen lassen, öfter umrühren. Würze mit **Salz, Pfeffer, Zucker** und **Muskat** oder **Curry**. Dazu schmecken Reisbratlinge.

Weißkohlsalat

Wasche **500 g Weißkohl** und **150 g Lauch** und schneide alles in Streifen. Wasche **3 Äpfel** und schneide sie in kleine Würfel. Vermische alles miteinander. Verrühre **200 g Joghurt** mit **1 Eßlöffel Zitronensaft**, **6 Eßlöffeln Orangensaft**, **Salz** und **etwas Zucker** zu einer Salatsoße und gieße sie über den Salat. Mit **2 Eßlöffeln gehackten Nüssen** bestreuen.

Mit saurer Sahne und Dill garnieren.

Möhren

Möhren sind auch als Mohrrüben, gelbe Rüben, Karotten oder einfache Wurzeln bekannt. Die Möhre ist eine zweijährige Pflanze. Im ersten Jahr wächst aus dem Samenkorn ein Büschel von Blättern und eine dicke Wurzel. Im zweiten Jahr blüht die Möhre und lebt aus den Reserven der Wurzel. Wenn sie ihre vielen Samenkörner ausgestreut hat, stirbt sie ab.

Möhren sind für unseren Körper besonders wertvoll, weil sie sehr viel Karotin enthalten. Das Karotin gibt den Möhren auch ihre orange Farbe. Weil sie unter der Erde wachsen, sind Möhren oft sehr sandig. Du solltest sie deshalb gründlich waschen. Unterschieden wird zwischen Sommermöhren, die meist sofort gegessen werden, und Wintermöhren, die sich gut in Kästen mit trockenem Sand an einem kühlen, aber frostfreien Ort lagern lassen.

Blühende Möhre

Kurze Möhren kannst du auch im Balkonkasten ziehen.

Möhrenmüsli

2 Portionen

Wasche und raspele **1 Apfel** und **300-400 g Möhren**. Gib **1 Eßlöffel Zitronensaft**, **2 Eßlöffel Rosinen**, **1 Teelöffel Honig**, **4 Eßlöffel Joghurt** und **4 Eßlöffel Sonnenblumenkerne**, **Nüsse** oder **Kokosraspeln** dazu. Du kannst das Müsli mit einer Orange und etwas Sahne verfeinern.

Möhrensuppe

Wasche **1 kg Möhren** und schneide sie in Scheiben. Schneide **1 geschälte Zwiebel** in Würfel. Koche das Gemüse in $3/4$ **l Brühe** etwa 20-30 Minuten. Püriere das Gemüse mit einem Kartoffelstampfer. Würze mit **Salz**, **Pfeffer**, **Muskat** und **Koriander** und bestreue das Ganze mit **viel gehackter Petersilie** oder **Dill**.

Möhrenbäumchen

Schneide aus einem Möhrenstück die Ecken heraus.

In Scheiben schneiden und auf Brote legen.

Saatband

Aussaat von Möhren

Möhren kannst du ab April im Freien in Saatrillen aussäen. Die Rillen sollten 3 cm tief sein und einen Abstand von etwa 10 cm haben. Da Möhren besonders kleine Samen haben, solltest du sie mit etwas Sand vermischen, bevor du sie in die Rillen streust, damit sie nicht zu dicht beieinander liegen. Auch im Saatband angelegte Samen verhindern, daß du zu dicht aussäst. Wenn zu viele Samenkörner aufgehen, ziehe einen Teil der Jungpflanzen heraus, sonst behindern sich die Möhren beim Wachsen. Möhren lieben gut gelockerte Erde und einen sonnigen Standort. Der größte Feind der Möhre ist die Möhrenfliege.

Säe Zwiebeln und Möhren auf ein Beet. Zwiebeln vertreiben die Möhrenfliege.

Möhrenfliege

Möhrenbratlinge

Putze **500 g Möhren** und raspele sie klein. Schäle **1 Zwiebel** und schneide sie in Würfel. Gib **160 g Weizenvollkornmehl**, **2 Eier**, **1 Teelöffel Salz** und **2 Eßlöffel Sonnenblumenkerne** dazu und vermische alles. Forme 8 Bratlinge und brate sie in **2 Eßlöffeln Öl** in einer Pfanne von beiden Seiten, bis sie knusprig braun sind. Dazu schmeckt Kräuterquark.

Möhrenrisotto

Schäle **1 Zwiebel** und schneide sie in Würfel. Schmore sie in **2 Eßlöffeln Öl** an, gib **2 Tassen Reis** dazu. Röste sie unter ständigem Rühren 5 Minuten leicht. Gieße dann **4 Tassen Brühe** dazu und rühre **400 g geraspelte Möhren** unter. Bei niedriger Hitze etwa 20 Minuten quellen lassen. Mische **100 g geriebenen Käse** unter den Reis. Würze mit **Curry**, **Salz** und **Pfeffer**. Du kannst auch noch **1 Eßlöffel Rosinen** und **Sesam** oder **Mandelstifte** dazugeben.

Möhrenburger
Belege ein Brötchen mit einem Salatblatt, einem Möhrenbratling und einer Scheibe Käse.

Garniere das Risotto mit viel Petersilie, Nüssen, gekochtem Ei und Apfelspalten zu einem Gesicht.

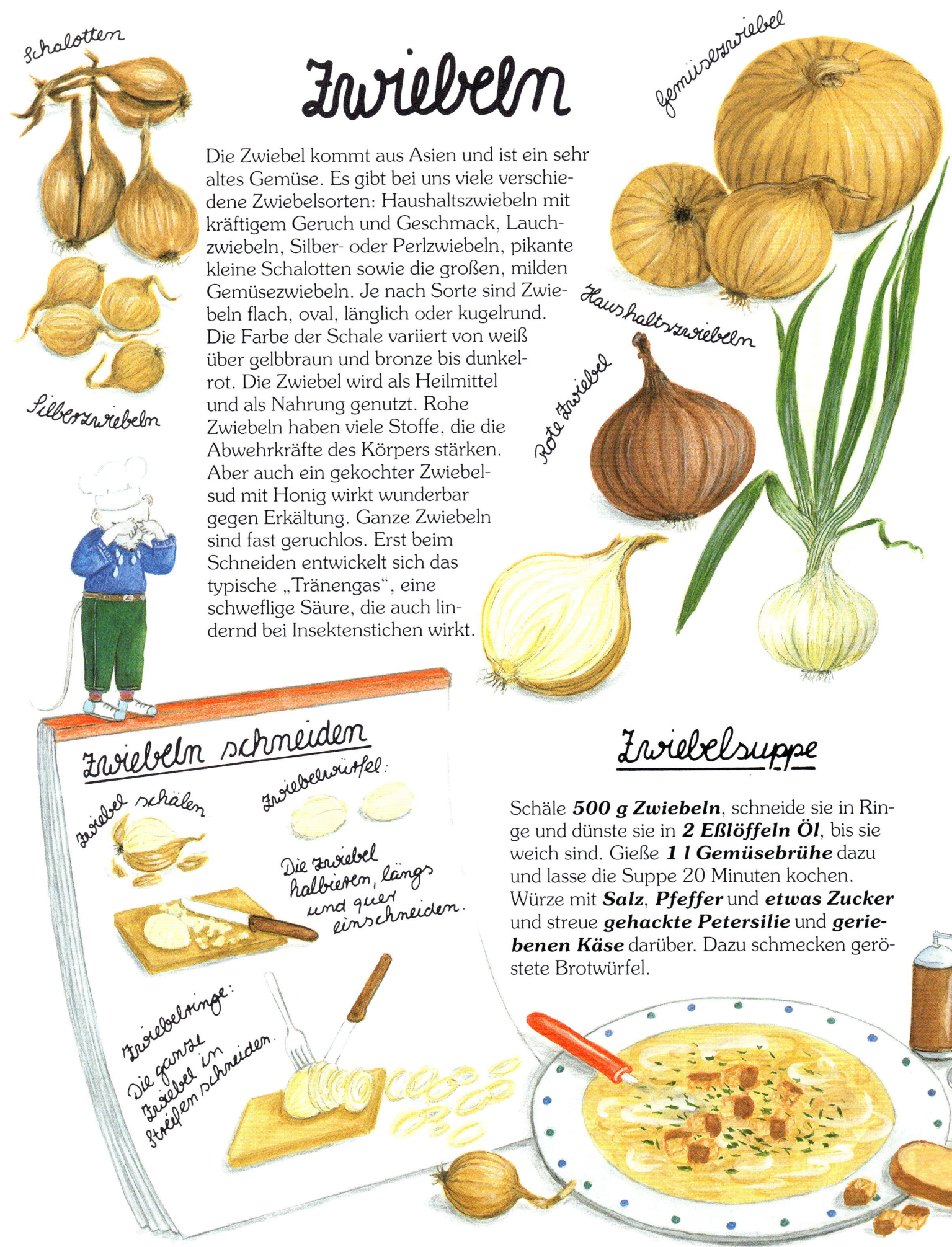

Zwiebeln

Schalotten

Gemüsezwiebel

Haushaltszwiebeln

Rote Zwiebel

Silberzwiebeln

Die Zwiebel kommt aus Asien und ist ein sehr altes Gemüse. Es gibt bei uns viele verschiedene Zwiebelsorten: Haushaltszwiebeln mit kräftigem Geruch und Geschmack, Lauchzwiebeln, Silber- oder Perlzwiebeln, pikante kleine Schalotten sowie die großen, milden Gemüsezwiebeln. Je nach Sorte sind Zwiebeln flach, oval, länglich oder kugelrund. Die Farbe der Schale variiert von weiß über gelbbraun und bronze bis dunkelrot. Die Zwiebel wird als Heilmittel und als Nahrung genutzt. Rohe Zwiebeln haben viele Stoffe, die die Abwehrkräfte des Körpers stärken. Aber auch ein gekochter Zwiebelsud mit Honig wirkt wunderbar gegen Erkältung. Ganze Zwiebeln sind fast geruchlos. Erst beim Schneiden entwickelt sich das typische „Tränengas", eine schweflige Säure, die auch lindernd bei Insektenstichen wirkt.

Zwiebeln schneiden

Zwiebel schälen

Zwiebelwürfel:

Die Zwiebel halbieren, längs und quer einschneiden.

Zwiebelringe: Die ganze Zwiebel in Streifen schneiden.

Zwiebelsuppe

Schäle **500 g Zwiebeln**, schneide sie in Ringe und dünste sie in **2 Eßlöffeln Öl**, bis sie weich sind. Gieße **1 l Gemüsebrühe** dazu und lasse die Suppe 20 Minuten kochen. Würze mit **Salz**, **Pfeffer** und **etwas Zucker** und streue **gehackte Petersilie** und **geriebenen Käse** darüber. Dazu schmecken geröstete Brotwürfel.

Zwiebelschmalz

Schäle **2-3 Zwiebeln** und schneide sie in Würfel. Brate sie in **etwas Butter** hellbraun. Gib **250 g Butter** dazu und erhitze das Ganze, bis sich Schaum bildet. Würze mit **1 Teelöffel Salz** und **2 Eßlöffeln getrocknetem Majoran**. Dann abkühlen lassen. Tip: Schneide 1 kleinen Apfel in Würfel und schmore ihn mit den Zwiebeln.

Schmeckt auf Brot und Kartoffeln.

Zwiebelkuchen

1 Backblech

Vermische **350 g Mehl** mit **¹/₂ Päckchen Backpulver**, **250 g Quark**, **6 Eßlöffeln Öl**, **6 Eßlöffeln Milch** und **2 Eßlöffeln Salz**. Verknete alles zu einem festen Teig. Schneide **1 kg Zwiebeln** in Ringe und dünste sie in **2 Eßlöffeln Öl** an. Würze mit **etwas Salz** und **Pfeffer**. Rolle den Teig auf einem eingefetteten Backblech aus und verteile die Zwiebelmasse darauf. Streue **200 g geriebenen Käse** darüber. Verrühre **2 Eier** mit **¹/₄ l Sahne** und würze mit **Salz**, **Pfeffer** und **Muskat**. Gieße die Soße über den Zwiebelkuchen. Im vorgeheizten Backofen bei 200 Grad (Gas Stufe 3) 20-30 Minuten backen.

Zwiebelringe in Paprikapulver oder gehackten Kräutern wälzen.

Zwiebeln stecken

Eine sichere Ernte versprechen Steckzwiebeln. Sie werden im April in einem Abstand von 10 cm in feste Erde gesteckt. Stecke sie aber nicht zu tief, die Spitze sollte noch zu sehen sein. Den ganzen Sommer über kannst du Zwiebeln für den Sofortverbrauch ernten. Richtig ausgereift und länger haltbar sind sie aber erst, wenn das Laub der Zwiebeln welk ist und umknickt. Ziehe sie dann an einem sonnigen Herbsttag aus der Erde und lasse sie ein paar Tage neben dem Beet liegen, damit sie gut trocknen können. Anschließend müssen sie kühl und luftig gelagert werden.

Zwiebeln zum Trocknen aufhängen.

Meine große
Gartenküche
im Winter

Äpfel

Apfelkerne

Mitte Juni

Die Larve des Apfelwicklers ernährt sich vom Inneren des Apfels.

Blüten im Mai

Kerngehäuse

Die vielen Apfelsorten, die es heute gibt, stammen alle vom Holzapfel ab, der in ganz Europa wild wächst. Äpfel haben ein Kerngehäuse, in dem die Apfelkerne, die Samen sitzen. Im Herbst ist Erntezeit. Ganz einwandfreie Äpfel können im Keller für den Winter eingelagert werden. In einem kühlen Raum werden die Äpfel auf Regale oder in flache Obstkisten gelegt. Ab und zu mußt du die Äpfel kontrollieren und faule aussortieren.

Ein kleines Apfelbäumchen kannst du sogar in einem Kübel auf den Balkon oder die Terrasse stellen. Das sieht sehr schön aus, und eine kleine Ernte hast du auch. In einigen Gärtnereien werden die kleinen Bäumchen herangezogen und in großen Töpfen verkauft.

Bratäpfel

Wasche **4 Äpfel**, schneide die Kerngehäuse heraus und setze die Äpfel in eine gefettete Auflaufform. Vermische **2 Eßlöffel gehackte Mandeln**, **2 Eßlöffel Rosinen**, **2 Eßlöffel Honig** oder **Zucker** und **1 Prise Zimt**. Fülle die Masse in die ausgehöhlten Äpfel und gib ein paar Butterflöckchen obenauf. Im vorgeheizten Backofen werden die Bratäpfel bei 220 Grad (Gas Stufe 4) 20-30 Minuten gebacken. Dazu schmeckt Vanillesauce oder Vanilleeis.

Apfelsorten

Ingrid Marie

Boskop

Granny Smith

Jonathan

Für Langschläfer

Gloster

Cox Orange

Apfelausstecher

76

Apfelkerne einpflanzen

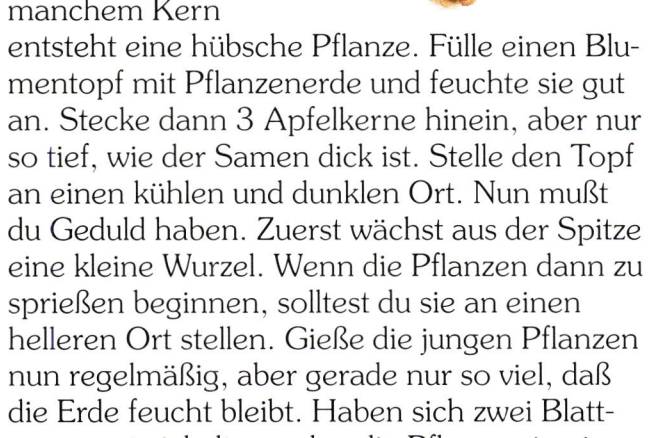

Werfe die Kerne eines Apfels nicht weg, denn aus manchem Kern entsteht eine hübsche Pflanze. Fülle einen Blumentopf mit Pflanzenerde und feuchte sie gut an. Stecke dann 3 Apfelkerne hinein, aber nur so tief, wie der Samen dick ist. Stelle den Topf an einen kühlen und dunklen Ort. Nun mußt du Geduld haben. Zuerst wächst aus der Spitze eine kleine Wurzel. Wenn die Pflanzen dann zu sprießen beginnen, solltest du sie an einen helleren Ort stellen. Gieße die jungen Pflanzen nun regelmäßig, aber gerade nur so viel, daß die Erde feucht bleibt. Haben sich zwei Blattpaare entwickelt, werden die Pflanzen in einzelne Töpfe umgepflanzt.

Apfelkerne zu Ketten auffädeln.

Apfelmüsli

2 Portionen

Verrühre **200 g Joghurt** mit **3 Eßlöffeln Haferflocken**, **2 Eßlöffeln Milch** oder **Sahne**, **2 Eßlöffeln gehackten Haselnüssen**, **1 Eßlöffel Sesam** und **Sonnenblumenkernen**, **1 Eßlöffel Honig** und **Zitronensaft**. Schneide **2 Äpfel**, **1 Orange** und **1 Banane** in kleine Stücke und verrühre alles miteinander.

Äpfel dörren

Wasche ein paar Äpfel, steche die Kerngehäuse aus und schneide die Äpfel in viele schmale Ringe. Fädele die Scheiben auf eine Schnur und hänge sie an einem warmen Ort auf. Nach ein paar Tagen sind die Apfelscheiben ganz durchgetrocknet.

Apfelkuchen

Verrühre **150 g Butter** oder **Margarine** mit **150 g Zucker**, **3 Eiern** und **150 g Mehl**. Gib den Teig in eine eingefettete Backform und verteile **3 Eßlöffel gehackte Mandeln** oder **Haselnüsse** und **Rosinen** auf dem Teig. Wasche und entkerne **700 g Äpfel**, schneide sie in Scheiben und belege damit den Teig. Streue **2 Eßlöffel Zucker** und **etwas Zimt** darüber. Im vorgeheizten Backofen wird der Kuchen bei 200 Grad (Gas Stufe 3) 40-50 Minuten gebacken.

Heißer Apfelpunch

Gib **1 l Apfelsaft**, **1 l Traubensaft**, **1 Eßlöffel Zucker** oder **Honig**, **1 Zimtstange**, **2 Eßlöffel Zitronensaft**, **2 Nelken**, **250 g getrocknete Apfelringe** oder **kleingeschnittene Äpfel** in einen Topf. Lasse alles kurz aufkochen.

Lauch

Lauch, auch Porree genannt, gehört zur Familie der Zwiebel, er ist jedoch milder im Geschmack. Die großen Blätter sind so fest zusammengewickelt, daß sie eine Stange bilden. Der Sommerlauch entwickelt nur dünne Stangen, der Winterlauch ist dicker und robuster. Wenn der Boden nicht gefroren ist, kann Winterlauch bis in den späten Frühling geerntet werden. Da zwischen den Blättern des Lauchs häufig viel Sand sitzt, solltest du ihn gründlich unter fließendem Wasser abwaschen.

Lauch ist winterhart.

Dekorationen

Lauchringe:

Zum Garnieren für Butter- und Käsebrote.

Büschel:
Lauchstücke längs einschneiden.

Türmchen:
Lauch in 3 cm dicke Ringe schneiden und die inneren Ringe nach oben drücken.

Lauchpizza

Lasse **350 g tiefgekühlte Blätterteigscheiben** antauen. Lege sie dann auf ein mit kaltem Wasser abgespültes Backblech und drücke die Ränder zusammen. Verrühre **200 g Schmand** mit **2 Eiern**, **etwas Salz** und **Pfeffer** und verstreiche die Soße auf dem Teig. Schneide **1 kg Lauch** in Ringe, wasche sie und dünste sie in **2 Eßlöffeln Öl** 5 Minuten an. Wasche **4 Tomaten** und schneide sie in Scheiben. Verteile den Lauch und die Tomatenscheiben auf dem Teig. Schneide **200 g Käse** in dünne Scheiben und lege sie auf das Gemüse. Backe die Pizza im vorgeheizten Backofen bei 225 Grad (Gas Stufe 4) etwa 30 Minuten.

Lauch pflanzen

Im April kannst du Lauch direkt im Garten aussäen. Sind die Pflänzchen etwa 15 cm groß, werden mit einem Stock oder Pflanzholz Löcher in einem Abstand von 15 cm in die Erde gebohrt. Ziehe die Pflänzchen vorsichtig aus der Erde und schneide die Blätter und die Wurzeln etwas kürzer, bevor du sie einpflanzt.

Mit Erde anhäufeln

Die Wurzeln sollen im Pflanzloch nach unten hängen und nicht geknickt in der Erde stecken. Gieße die kleinen Pflanzen gut und fülle dann die Löcher mit Erde auf. Während der Wachstumszeit sollten die Pflanzen mehrmals mit etwas Erde angehäufelt werden, damit sie einen schönen, weißen Schaft und einen milden Geschmack bekommen. Und sie müssen viel gegossen werden.

Lauchsuppe

Wasche **500 g Lauch** und schneide ihn in Ringe. Erhitze **2 Eßlöffel Öl** und dünste die Lauchringe darin etwas an. Gieße **1 l Brühe** dazu und lasse die Suppe etwa 15 Minuten kochen. Rühre dann **200 g Sahne** unter, schmecke mit **Salz**, **Pfeffer** und **Muskat** ab und bestreue das Ganze mit **geriebenem Käse**. Wer es etwas kräftiger mag, kann noch **150 g in Streifen geschnittenen Schinken** in die Suppe geben. Dazu schmeckt frisches Brot.

Lauchnudeln

Koche **250 g Spaghetti** in reichlich Salzwasser mit **1 Eßlöffel Öl** 10 Minuten. Wasche **600 g Lauch** und schneide ihn in feine Streifen. Erhitze **2 Eßlöffel Öl** und schmore den Lauch darin an. Gib die Spaghetti und **200 g Sahne** dazu. Lasse alles einmal kurz aufkochen und würze mit **Salz**, **Pfeffer**, **Muskat** oder **Curry**.

Lauch in Streifen schneiden.

Einfach köstlich...

Topinambur

Wurzelgemüse

Pastinake

Einige Wurzelgemüsesorten sind längst in Vergessenheit geraten. Aber es lohnt sich, Samen für diese Pflanzen zu besorgen, vielleicht bei einem Bauern auf dem Wochenmarkt.

SCHWARZWURZELN werden oft als Spargel des Winters bezeichnet. Da die Wurzeln sehr lang werden, benötigen Schwarzwurzeln einen lockeren Boden. Beim Ernten mußt du vorsichtig sein, damit die langen Wurzeln nicht abbrechen. Am besten lockerst du den Boden vorsichtig mit einer Grabegabel.

PASTINAKEN: Da Pastinaken viel Zeit zum Wachsen brauchen, müssen sie schon frühzeitig im Februar gesät werden. Pastinaken haben einen würzigen, süßen Geschmack, der noch besser wird, wenn sie während der Frostnächte in der Erde bleiben.

TOPINAMBUR: Dieses Wurzelgemüse wird auch Jerusalem-Artischocke genannt. Äußerlich gleicht die Pflanze der Sonnenblume, sie wird genauso groß. Sie hat aber kleinere Blüten und bildet an den Wurzeln Knollen aus. Im Spätherbst können die Knollen ausgegraben und wie Kartoffeln zubereitet werden.

SPEISERÜBEN: Die bekanntesten sind Steckrüben, Mairüben und Teltower Rübchen. Rüben sind recht anspruchslos. Sie können im Sommer und Herbst jung und zart zum sofortigen Gebrauch geerntet oder als Wintervorrat eingelagert werden. Speiserüben können bis zum Frost im Boden bleiben. Alle Rübenarten werden nur gekocht gegessen.

Steckrübe

Knusprige Stangen

Schäle **600 g Schwarzwurzeln** und koche sie in reichlich Salzwasser 20-30 Minuten. Nimm die Schwarzwurzeln heraus, wende sie in **Mehl**, dann in **1 verquirltem Ei** und in **Paniermehl**. Erhitze **2 Eßlöffel Öl** in einer Pfanne und backe die panierten Schwarzwurzelstangen darin goldgelb.

Eine köstliche Knabberei.

Lagerung

Schwarzwurzeln

Wurzelgemüse eignet sich sehr gut zum Einlagern. Bedecke den Boden einer Holzkiste mit einer Schicht Sand und feuchte ihn etwas an. Lege dann das Gemüse locker nebeneinander auf den Sand. Bedecke die Gemüseschicht wieder mit Sand, dann folgt wieder eine Gemüseschicht, die mit Sand bedeckt wird, und so weiter. Die Holzkiste wird in einen kühlen und dunklen Keller gestellt. In jeder Holzkiste sollte nur eine Gemüsesorte einlagern.

Einen kleinen Vorrat kannst du auch auf dem Balkon in einer trockenen, schattigen und geschützten Ecke lagern. Decke die Kiste bei Regen mit einer Folie und bei sehr starkem Frost mit einer Decke ab.

Pastinakensalat

Bürste **500 g Pastinaken** und koche sie mit der Schale etwa 30 Minuten in Wasser. Dann schäle und schneide sie in Scheiben. Wasche **1 Stange Lauch** und **1 Apfel** und schneide sie in dünne Scheiben. Verrühre **125 g Sahne** mit **2 Eßlöffeln Zitrone**, *etwas Salz*, **1 Prise Pfeffer** und **Zucker**. Vermische die Soße mit den Salatzutaten und streue **Sonnenblumenkerne** oder **gehackte Haselnüssen** darüber.

Ein Minilager auf dem Balkon.

Überbackene Steckrüben

Schäle **600 g Steckrüben**, schneide sie in Scheiben und koche sie in Salzwasser 20 Minuten. Gieße das Wasser ab und schichte die Steckrüben in eine eingefettete Auflaufform. Verrühre **250 g saure Sahne** mit **150 g geriebenem Käse**, **40 g gehackten Haselnüssen**, **Salz** und **Pfeffer**. Gieße die Soße über die Steckrüben und überbacke das Ganze im vorgeheizten Backofen bei 220 Grad (Gas Stufe 4) 20 Minuten.

Topinambur - Puffer

Schäle und reibe **500 g Topinambur**. Gib **3 Eier**, **3 Eßlöffel Mehl**, *etwas Salz* und **Muskat** dazu. Verrühre alles miteinander. Erhitze **2 Eßlöffel Öl** in einer Pfanne und brate etwa 12 kleine Puffer von beiden Seiten knusprig. Gieße eventuell etwas Öl nach.

Rote Bete

Blätter mit roten Adern

Wurzel

schälen

Rote Bete, auch rote Rüben genannt, können roh und gekocht gegessen werden. Die wunderschönen rot-grünen Blätter kannst du wie Mangold oder Spinat als Gemüse kochen. Damit sich die rote Bete gut entwickeln kann, solltest du die Samen in einem Abstand von 10 cm ab April aussäen. Rote Bete erfriert leicht und muß deshalb vor Frosteinbruch geerntet werden. Bei der Ernte ist darauf zu achten, daß das Kraut nicht abgeschnitten, sondern abgedreht wird. Auch darf die Rübe nicht verletzt werden, weil sonst ihr roter Saft ausläuft. Für den Winter läßt sich rote Bete wie jedes Wurzelgemüse im Keller in einer Holzkiste mit feuchtem Sand lagern.

Mein Geschenkpapier mit Rote Bete-Fingerdruck.

Fingerdruck

Koche die Schale der roten Bete mit etwas Wasser auf, nimm die Schale heraus und lasse das Wasser abkühlen. Schon hast du rote Farbe zum Malen und Drucken. Wie wäre es mit einem persönlichen Fingerdruck für Geschenkpapier oder mit lustigen Fingerdruckfiguren auf weißem Karton als Postkarte?

Gekochte Rote Bete

Wasche vor dem Kochen die **rote Bete** gründlich. Gare sie je nach Größe 40-60 Minuten in reichlich Salzwasser. Ziehe die Schale wie bei Pellkartoffeln ab und streue **etwas Salz** und **Pfeffer** darüber.
Dazu schmeckt Meerrettichcreme: Verrühre **200 g Schmand** mit **2 Teelöffeln Meerrettich**, **etwas Salz** und **Pfeffer** sowie **2 Eßlöffeln Dill** oder **Petersilie**.

Teller-Garten am Fenster

Schneide von der roten Bete und anderem Wurzelgemüse (Möhre, Rettich) die Enden 2-3 cm dick ab und entferne die Blätter. Fülle in einen tiefen Teller oder eine flache Schale ein wenig Wasser, bis der Boden bedeckt ist. Dann legst du die Wurzelstücke mit der Schnittseite nach unten ins Wasser. Stelle den Teller ans Fenster und fülle regelmäßig das Wasser im Teller nach. Schon bald treiben die Wurzelstücke frische, grüne Blätter aus. Von deinem Teller-Garten kannst du zwar nichts ernten, aber er sieht sehr schön aus.

Das obere Ende abschneiden.

Schöne Pflanzen aus Gemüseresten

rote Bete

Möhren

Rettich

Schöne Kieselsteine mit auf den Teller legen.

Rote Bete Salat

Wasche, schäle und raspele **400 g Äpfel** und **400 g rote Bete**. Gib **100 g gehackte Nüsse** dazu. Verrühre **200 g Sahne** mit **1 Teelöffel Meerrettich**, **2 Eßlöffeln Zitronensaft**, **2 Eßlöffeln kleingeschnittenem Dill** oder **Schnittlauch**, etwas **Salz**, **1 Prise Pfeffer** und **Zucker**. Vermische die Soße mit dem Salat.

Gemüseblech

Pro Person **2-3 rote Bete-Knollen** und **2-3 Kartoffeln** gut waschen und durchschneiden. Gib **2 Eßlöffel Öl** auf ein Backblech, lege das Gemüse darauf und backe es im vorgeheizten Backofen bei 200 Grad (Gas Stufe 3) 30-40 Minuten. Würze mit **etwas Salz** und gib einen Klacks **saure Sahne** oder **Kräuterquark** darauf.
Auch Möhren oder Zwiebeln schmecken auf dem Gemüseblech.

Ein Farbtupfer auf Quark- oder Butterbroten.

83

Feldsalat

Unter dem Namen Rapunzel taucht der Feldsalat im Märchen der Gebrüder Grimm auf.

Feldsalat, auch Rapunzel oder Ackersalat genannt, wuchs früher wild auf den Feldern und säte sich dort immer wieder von selber aus. Er wächst auch im Winter, wenn es noch keinen anderen frischen Salat im Garten gibt. Feldsalat ist eine kleine, zähe Pflanze, die in Rosetten wie kleine Salatköpfe wächst. Im August wird für die Herbsternte, ab September für den Winter- und Frühjahrsbedarf ausgesät. Feldsalat gedeiht am besten im sonnigen Beet, das gut gedüngt ist. Nach der Aussaat in Reihen muß der Boden gut festgeklopft werden. Decke den Feldsalat zu Beginn des Winters mit Tannenzweigen oder Reisig ab. Wenn der Schnee nicht allzu hoch liegt, kannst du die Abdeckung jederzeit hochheben und den Salat ernten. Bei der Ernte stichst du die ganze Blattrosette mit einem Messer aus dem Boden.

Feldsalat mit einer Holzumrandung abdecken, dann kannst du auch im Winter ernten.

Feldsalat mit Käse

Wasche **200 g Feldsalat** und schneide **1 geschälte Zwiebel**, **100 g Käse** und **1 Apfel** in kleine Würfel. Verrühre **1 Eßlöffel Essig**, **3 Eßlöffel Öl**, **etwas Salz**, **1 Prise Pfeffer** und **Zucker**. Vermische alle Zutaten miteinander. Schneide **2 Scheiben Brot** in Würfel, röste sie in **etwas Butter** goldgelb an und streue sie über den Salat.

Salatspießchen

Feldsalat mit einem Zahnstocher auf Brot- oder Käsewürfel, Gemüsestücke oder Nüsse spießen.

Wurzelpetersilie

Wurzelpetersilie ist ein wertvolles Wintergemüse. Die Blätter können zum Würzen verwendet werden, und die Wurzeln werden roh oder gekocht gegessen. Wurzelpetersilie wird im April ausgesät, bevorzugt an einem sonnigen Standort und in einem lockeren Boden. Da die Samen sehr langsam keimen, solltest du ein paar Radieschen dazwischen säen, die schnell keimen und dann anzeigen, wo die Wurzelpetersilie ausgesät ist. Lasse die Wurzeln möglichst lange im Boden, weil sie dann besser schmecken. Von Ende Oktober bis in den Winter kannst du die Wurzelpetersilie ernten. Decke sie in sehr kalten Wintern mit Stroh und Reisig ab oder lagere sie wie anderes Wurzelgemüse im kühlen Keller.

Wurzelpetersilie wächst gerne neben Radieschen.

Kartoffeleintopf

Wasche **1 Stange Lauch** und schneide sie in Ringe. Schäle **1 Zwiebel**, **200 g Wurzelpetersilie**, **200 g Möhren**, **150 g Sellerie** und **300 g Kartoffeln** und schneide alles in Würfel. Erhitze **2 Eßlöffel Öl** und schmore das Gemüse darin an. Gieße **1 l Brühe** dazu und lasse alles 20 Minuten leicht kochen. Würze mit **Salz**, **Pfeffer** und **Muskat** ab und streue **gehackte Kräuter** darüber.

Wurzelragout

Putze **400 g Wurzelpetersilie** und **400 g Möhren**, schäle und schneide sie in Scheiben. Schäle und würfele **1 Zwiebel** und schmore sie in **2 Eßlöffeln Öl** an. Gib das Gemüse dazu. Bestäube alles mit **2 Eßlöffeln Mehl** und gieße unter Rühren **1/4 l Brühe** dazu. Lasse das Ganze etwa 20 Minuten leicht kochen. Rühre **100 g Sahne** unter und schmecke mit **Salz**, **Pfeffer** und **Muskat** ab.

Eine wärmende Suppe an kalten Wintertagen.

85

Chicorée

Chicorée vorsichtig ausgraben

Chicorée gehört zur Familie der Zichoriengewächse. Im Sommer bildet er grüne Blätter aus, die als Salat gegessen werden können. Sie sind aber sehr bitter. Bekannter ist Chicorée als knackiges Wintergemüse. Dafür werden im Spätherbst die Chicoréewurzeln ausgegraben und im Dunkeln zum Austreiben gebracht. Die hellen Blätter enthalten kaum Bitterstoffe. Vor dem Zubereiten solltest du aber trotzdem aus dem unteren Ende den Kern keilförmig herausschneiden, da die meisten Bitterstoffe dort sind. Chicorée schmeckt roh als Salat, aber auch gedünstet als Gemüse.

Blätter

Chicorée-wurzel

Im Dunkeln getriebenes Chicorée.

Chicorée durchschneiden, den bitteren Strunk herausschneiden.

Chicoréeschiffchen

Löse von **3 Chicorée** 12 große Blätter ab und wasche sie gut. Schneide den restlichen Chicorée klein, wasche ihn und verrühre ihn mit **Apfel-Curry-Creme** oder **Orangen-Sahne**. Gib die Füllung in die Chicoréeblätter und garniere sie mit **Nüssen**, **Petersilie** oder **Schnittlauch**.

Apfel-Curry-Creme:

Verrühre **3 Eßlöffel Quark** oder **Joghurt** mit **150 g Schmand**, **1 geraspelten Apfel**, **1 gehackten Zwiebel**, **1 Eßlöffel Zitronensaft**, **¹/₂ Teelöffel Curry**, **1 Prise Zucker** und **Salz**.

Orangen-Sahne:

Schlage **200 g Schlagsahne** steif. Rühre **4 Eßlöffel Orangensaft**, **¹/₂ Teelöffel Zucker** oder **Honig**, **1 Prise Salz**, **1 Eßlöffel Meerrettich** unter.

Treiben von Chicorée

Chicorée kannst du auch im Blumentopf treiben lassen.

Blätter auf 3 cm abschneiden.

Ab Mai wird Chicorée ausgesät. Später werden die Pflanzen in einem Abstand von 30 cm verpflanzt, damit sich kräftige Wurzeln ausbilden können. Im Oktober wird der Chicorée vorsichtig ausgegraben. Schneide die Blätter bis auf 3 cm ab. Stecke dann die Wurzeln dicht nebeneinander in einen Eimer voller Erde, dessen Boden Löcher hat. Gieße die Erde gründlich. Stülpe einen zweiten Eimer darüber, damit die Wurzeln kein Licht bekommen. Stelle den Eimer an einen Ort, der 12-15 Grad warm ist, und halte die Erde gut feucht. Im Dunkeln treiben die Wurzeln neue Blätter aus, die ganz bleich bleiben, weil sie ja kein Licht bekommen. Nach 5-6 Wochen ist der Chicorée erntereif. Wenn du ihn nicht zu tief abschneidest, treibt er erneut aus.

Chicoréewurzeln in einen Eimer mit Erde stecken.

Im Dunkeln treiben die Wurzeln.

Nach 5-6 Wochen kannst du ernten.

Fruchtiger Chicoréesalat

Entferne von **400 g Chicorée** die Strünke. Schneide die Blätter in feine Streifen und wasche sie. Schneide **400 g Obst** (Äpfel, Apfelsinen oder Bananen) in kleine Stücke und gib sie zu dem Chicorée. Verrühre **200 g Joghurt** oder **saure Sahne** mit **2 Eßlöffeln Zitronensaft**, 1/2 **Teelöffel Zucker** oder **Honig**. Gieße die Soße über den Salat und bestreue ihn mit **2 Eßlöffeln gehackten Nüssen**.

Verpackter Chicorée

Wasche **4 Chicorée** und schneide die Strünke heraus. Rolle jede Chicoréestange in eine große Scheibe **gekochten Schinken** oder **Käse** ein. Befestige sie mit einem Zahnstocher. Lege die eingewickelten Chicorée in eine eingefettete Auflaufform, gieße **200 g Sahne** darüber und würze mit **Salz** und **Pfeffer**. Backe das Ganze im vorgeheizten Backofen bei 200 Grad (Gas Stufe 3) etwa 30 Minuten.

Chicorée in Käse oder Schinken verpacken.

Rosenkohl

Rosenkohl ist ein typischer Herbst- und Winterkohl. Frisch aus dem Garten, versorgt er uns im Winter reichlich mit Vitaminen. Die kleinen Röschen mit ihren Blättern, die eng übereinanderliegen, sind eigentlich Blattknospen. Die Rosenkohlpflanze kann bis zu einem Meter groß werden. Rosenkohl ist winterhart und bleibt auf dem Beet stehen. Am besten schmeckt er nach dem ersten Frost. Er wird fast immer gekocht zubereitet.

Die Röschen sind verdickte Knospen.

Rosenkohlschaschlik

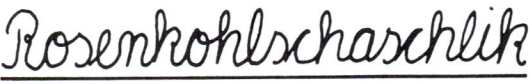

Putze und wasche etwa **600 g Rosenkohl** und koche ihn in Salzwasser 8 Minuten. Gieße das Wasser ab und lasse das Gemüse abkühlen. Stecke es auf Schaschlikspieße (Holzspieße), bestreiche es mit **etwas Öl** und würze mit **Salz**, **Pfeffer**, **Curry** oder **Paprikapulver**. Erhitze in einer Pfanne **4 Eßlöffel Öl** und brate die Spieße darin 10 Minuten. Wende sie häufiger. Dazu schmeckt Tomatendip.

Spießchen Querbeet

Putze verschiedene Gemüsesorten, wie **Rosenkohl**, **Möhren**, **Sellerie** oder **Blumenkohl**, schneide sie in kleine Stücke und stecke sie abwechselnd auf Holzspieße. Bereite sie zu wie das Rosenkohlschaschlik.

Tomatendip

Verrühre 200g Schmand mit 4 Eßlöffeln Tomatenmark, 1/2 Teelöffel Salz, 1 Prise Pfeffer, Zucker, Curry und 2 Eßlöffeln gehackten Kräutern.

Überbackener Rosenkohl

Putze und wasche **1 kg Rosenkohl** und koche ihn in wenig Salzwasser 10 Minuten. Gib das Gemüse in eine eingefettete Auflaufform. Verrühre **4 Eier** mit ¼ **l Sahne**, **100 g geriebenem Käse**, **etwas Salz**, **Pfeffer** und **Muskat**. Gieße die Soße über das Gemüse und backe es im vorgeheizten Backofen bei 200 Grad (Gas Stufe 3) 30 Minuten. Wer mag, gibt noch **100 g gekochten Schinken** dazu oder nimmt **500 g Rosenkohl** und **500 g Möhren** für den Auflauf.

Geriebene Muskatnuß paßt gut zu Rosenkohl.

Rosenkohltoast

Putze und wasche **250 g Rosenkohl** und koche ihn in Salzwasser 10 Minuten. Gieße ihn über ein Sieb ab und lasse ihn gut abtropfen. Toaste **4 Brotscheiben** und bestreiche sie mit Butter. Lege den Rosenkohl auf die Toastscheiben und würze mit **Salz**, **Pfeffer** und **Muskat**. Wer mag, streut noch jeweils 1 Teelöffel gehackte Haselnüsse oder Sonnenblumenkerne darüber. Lege dann **1 Scheibe Käse** obenauf. Überbacke den Toast im vorgeheizten Backofen bei 200 Grad (Gast Stufe 3) 10 Minuten.

Rosenkohl anpflanzen

Wer Rosenkohl selbst säen möchte, sollte ihn von Mitte April bis Ende Mai in den Garten oder in ein Saatbeet aussäen. Rosenkohl hat eine lange Entwicklungszeit. Wenn die Sämlinge 10-15 cm hoch gewachsen sind, werden sie umgepflanzt. Du kannst dir aber auch kleine Kohlpflanzen aus der Gärtnerei besorgen. Rosenkohl braucht feste Erde und viel Platz, wenn er gut wachsen soll. In regelmäßigen Abständen sollte der Boden rund um die Pflanze angehäufelt werden. Etwa Mitte September solltest du die Spitzen des Rosenkohls abschneiden, damit er nicht mehr weiter in die Höhe wächst, sondern seine Röschen voll ausbilden kann. Wenn die einzelnen Röschen groß genug sind, werden sie zuerst unten am Stiel und später immer weiter nach oben abgepflückt.

Rosenkohl eventuell an Stützpfähle anbinden.

In einem angemalten Blumentopf ist Kresse ein schönes Geschenk.

Kresse

Kresse ziehen macht viel Spaß, weil schon nach kurzer Zeit geerntet werden kann. Sie braucht noch nicht einmal Erde. Nach etwa 6 Tagen kannst du die Kresse abschneiden und in den Salat oder auf ein Butterbrot streuen. Kresse kannst du zu jeder Jahreszeit auf der Fensterbank ziehen und im Sommer natürlich im Garten oder auf dem Balkon.

Kressebrote schmecken prima.

Ernte auf der Fensterbank

1. Kresse immer feucht halten.

2. Mit einem zweiten Teller abdecken.

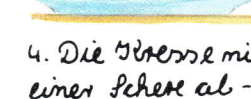

3. Den Teller abnehmen, wenn die Samen keimen.

4. Die Kresse mit einer Schere abschneiden.

Eibrote mit Kresse

2 Portionen

Bestreiche **2 Scheiben Brot** mit etwas **Butter** oder **Margarine**. Schneide **2 hartgekochte Eier** in Scheiben und belege die Brote damit. Verteile **2 kleingeschnittene Radieschen** oder **1/2 kleingeschnittene Paprikaschote** auf den Broten und würze mit **Salz** und **Pfeffer**. Bestreue die Eibrote mit **viel Kresse**.

Lege gut angefeuchtetes Küchenkreppapier oder Watte auf einen tiefen Teller. Streue die Kressesamen darauf, sie sollten nicht übereinanderliegen. Bedecke die Samen mit einem zweiten Teller, um sie vor Licht zu schützen. Morgens und abends werden die Kressesamen mit Wasser besprüht, damit sie schön feucht bleiben. Entferne die Abdeckung, sobald die Samen keimen. Nach 6-7 Tagen ist die Kresse etwa 3-4 cm hoch gewachsen. Jetzt ist Erntezeit. Schneide die Kresse tief unten mit einer Schere ab.

Bilder aus Kresse

Du kannst Kresse auch in Form von Buchstaben oder Ziffern wachsen lassen. Lege eine Ausstechform oder eine ausgeschnittene Form aus Papier auf die angefeuchtete Watte. Streue die Kressesamen in die Form und nimm diese anschließend ab. Du kannst aus feuchter Watte aber auch Würste drehen, mit denen du Zahlen oder Buchstaben formst. Dann streue Kressesamen darauf. So kannst du sogar einen Namen aus Kressesamen wachsen lassen.

Kresserührei

2 Portionen

Schäle **1 Zwiebel** und schneide sie in feine Ringe. Verrühre **4 Eier** mit **4 Eßlöffeln Milch**, **etwas Salz** und **Pfeffer**. Erhitze **2 Eßlöffel Öl** in einer Pfanne, schmore die Zwiebelringe darin an und gieße die Eiersoße darüber. Rühre, bis das Ei fest wird. Gib **4 Eßlöffel Kresse** dazu und rühre nochmals um. Garniere mit **getoastetem Brot** und **Tomatenscheiben**.

Lustige Brotgesichter

Bestreiche Brotscheiben mit Butter, Quark oder Käse. Schneide verschiedenes Gemüse oder Obst in Stücke oder Scheiben und lege lustige Gesichter daraus. Mit viel Kresse als Haare bestreuen.

Käsecreme

Verrühre **125 g Schafskäse** oder **Frischkäse** mit **1 Eßlöffel Zitronensaft**, **2-3 Eßlöffeln Olivenöl**, **3 Eßlöffeln Kresse** und **2 Eßlöffeln gemahlenen Nüssen**. Wer mag, gibt noch eine ausgedrückte **Knoblauchzehe** dazu.

Apfel-Kresse Creme

Schäle **1 Apfel** und reibe ihn ganz fein. Verrühre ihn mit **2 Eßlöffeln Zitronensaft**, **150 g Schmand** oder **Frischkäse** und **½ Tasse Kresse**. Würze mit **Salz** und **Pfeffer**. Tauche fingerdicke **Käse- und Brotstreifen** in den Dip.

Radieschen
Möhre
Paprika

Kresse

Apfel, Champignon, gefüllte Oliven

Keime und Sprossen

Mungobohnen

Linsen

Erbsen

Sojabohne

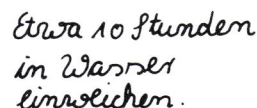

Etwa 10 Stunden
in Wasser
einweichen.

Morgens und
abends spülen.

Mungobohnen ziehen

Du benötigst ein Einmachglas, ein festes Gummiband, ein Stück Gardinenstoff oder Kunststoffgaze. Fülle das Glas mit **1 Tasse Mungobohnen und 4 Tassen lauwarmem Wasser**. Verschließe dann das Glas mit der Gaze und einem Gummiring und lasse es über Nacht stehen. Gieße am nächsten Morgen das Wasser durch die Gaze ab und spüle die Samen gründlich. Stelle das Glas umgedreht auf ein Gitter, damit das Wasser ablaufen kann und die Bohnen Luft bekommen. Suche für das Glas einen warmen, hellen Platz ohne direkte Sonne. Morgens und abends werden die Samen mit Wasser kurz gespült. Schon nach 3-5 Tagen kannst du ernten.

Keime und Sprossen schmecken nicht nur gut, sondern sie liefern uns im Winter viele Vitamine und gedeihen sogar im Zimmer. Außerdem ist es faszinierend, wie aus einem Samenkorn nur mit Hilfe von Licht, Luft, Wärme und Wasser ein Keimling entsteht. Keime zu ziehen kostet nur wenig Mühe. Samen für deine Sprossenzucht bekommst du in Bio- und Naturkostläden oder Reformhäusern. Deine ersten Versuche solltest du mit Mungobohnen oder Weizen machen, weil sie in der Regel problemlos keimen. Mit Sprossen und Keimen kannst du viele Gerichte bereichern. Sie schmecken im Müsli, auf Brot, im Salat, in einer Gemüsesuppe und zu vielem mehr.

Sonnenblumenkerne *Hafer* *Weizen*

Sprossenquark

2 Portionen

Schäle **1 Banane** und zerdrücke sie mit einer Gabel. Träufele **1 Eßlöffel Zitronensaft** darüber. Rühre **200 g Quark**, **6 Eßlöffel Milch**, **2 Teelöffel Honig** und **4 Eßlöffel gekeimten Weizen** unter. Gib **2 kleingeschnittene Äpfel** oder **Birnen** dazu und bestreue alles mit **2 Eßlöffeln gekeimten Sonnenblumenkernen**.

Das Wasser
abgießen

und schrägstellen.

Kichererbsencurry

Schäle und würfele **1 Zwiebel** und dünste sie in **2 Eßlöffeln Öl**. Gib **3 Tassen Kicher-erbsensprossen** und **1 Eßlöffel Curry** dazu und dünste sie kurz an. Gieße dann **¹/₈ l Gemüsebrühe** dazu und lasse alles 10 Minuten leicht kochen. Schmecke mit **3 Eßlöffeln Sahne**, **etwas Salz** und **Pfeffer** ab und **streue 3 Eßlöffel Kokosraspeln** und **gehackte Kräuter** darüber. Dazu schmeckt Käserisotto.

Kichererbsen

Füllung

Salatblatt

So werden Salatblätter gefüllt.

Die Seiten zusammen-klappen.

Salatblatt von hinten aufrollen. Eventuell mit einem Zahnstocher befestigen.

Käserisotto

Schäle und würfele **1 Zwiebel** und schmore sie in **2 Eßlöffeln Öl** an. Gib **2 Tassen Reis** und **2 Teelöffel Curry** dazu und dünste alles unter Rühren, bis es glasig wird. Gieße **4 Tassen Brühe** dazu, lasse alles einmal aufkochen und bei niedriger Temperatur 20-30 Minuten quellen. Rühre **1 Tasse Mungobohnen-sprossen** und **100 g geriebenen Käse** unter den Reis.

Sprossenpäckchen

Wasche **8 große Blätter vom Eisbergsalat** oder von einer anderen festen Salatsorte. Putze und reibe **300 g Möhren** und **100 g Sellerie**. Verrühre das Gemüse mit **2 Tassen verschiedener Sprossen**, **50 g gemahlenen Hasel-** oder **Walnüssen**, **200 g Frischkäse** oder **Quark**, **Salz** und **Pfeffer**. Gib jeweils 2-3 Eßlöffel dieser Mischung auf die Salatblätter, rolle sie zusammen, und fertig sind die Päckchen. Für eine rote Füllung gib **2 Eßlöffel Tomatenmark** dazu.

männliche
Kätzchen

weibliche
Blüte

Haselnüsse

Der Haselstrauch blüht am frühesten von allen heimischen Sträuchern. Die langen männlichen Kätzchen verstreuen beim leichtesten Windhauch ihren Blütenstaub. Die Knospen mit dem roten Blütenstand sind die weiblichen Blüten. Erst wenn die Blüte befruchtet ist, beginnt die Haselnuß ganz langsam zu wachsen. Im September sind die Haselnüsse reif. Zum Ernten solltest du den Strauch schütteln, dann fallen die reifen Nüsse herunter. Entferne die Blatthülle und lasse die Nüsse an einem schattigen und luftigen Ort trocknen. Haselnüsse sind auch die Lieblingsspeise von vielen Tieren, wie Eichhörnchen, Spechte, Eichelhäher oder Kleiber. Einige Tiere fressen die Nüsse gleich, andere verstecken sie als Vorrat für die kalte Jahreszeit.

Haselnußkern
in der Schale.

Aus der
Blüte ent-
wickelt sich
die
Haselnuß.

reife Haselnuß

Hier hat eine Maus
ein Loch in die
Nußschale geknabbert.

Nußbrötchen

Vermische **250 g Mehl** mit **2 Teelöffeln Backpulver** und knete **1 Ei**, **250 g Quark**, **1 Teelöffel Honig** oder **Zucker** und **75 g gemahlene Haselnüsse** unter den Teig. Forme daraus 8-10 Brötchen, bestreiche sie mit **etwas Milch** und streue **gehackte Nüsse** darüber. Backe die Brötchen auf einem eingefetteten Backblech im vorgeheizten Backofen bei 180 Grad (Gas Stufe 2) 20-30 Minuten.

Nuß-und Schokonußbutter

NUSSBUTTER: Verrühre **125 g Butter** mit **125 g gemahlenen Haselnüssen** und **1-2 Eßlöffeln Honig** oder **Zucker**.

SCHOKONUSSBUTTER: Rühre unter **1/2 Portion Nußbutter 1 Eßlöffel Kakaopulver**.

SCHACHBRETTBROT: Bestreiche **1 Scheibe Brot** mit **Nußbutter**, eine mit **Schokonußbutter**, schneide sie in Quadrate und verteile sie abwechselnd auf einem Teller.

Schachbrettbrote

Nußfrikadellen

Verrühre **250 g Haferflocken** mit **2 Eiern**, **1/4 l Milch**, **100 g geriebenem Käse**, **1 kleingehackten Zwiebel**, **1 Teelöffel Salz**, **1 Eßlöffel getrocknetem Majoran**, **4 Eßlöffeln gemahlenen Haselnüssen**. Erhitze **2 Eßlöffel Öl** in einer Pfanne und gib pro Frikadelle einen großen Eßlöffel Teig in die Pfanne. Drücke ihn flach und backe ihn von beiden Seiten goldgelb.

Gib 1 Salatblatt, 1 Nußfrikadelle und etwas Tomatenmark oder Tomatenscheiben zwischen 2 Brötchenhälften.

Knuspernüsse

Röste **ganze Haselnüsse** in einer Pfanne bei niedriger Temperatur. Rühre die Nüsse ständig, damit sie nicht anbrennen. Eine leckere Knabberei für zwischendurch oder hübsch verpackt als Geschenk.

Haselnüsse einpflanzen

Bedecke den Boden eines Blumentopfs mit einer Schicht kleiner Kieselsteine. Mische Blumenerde mit etwas Sand und fülle damit den Blumentopf fast bis zum Rand. Setze die Nuß hinein und bedecke sie mit Erde. Halte sie immer etwas feucht. Wenn im Frühling die ersten Keimblätter erscheinen, solltest du regelmäßig gießen. Im Herbst oder im Frühjahr kannst du dein Bäumchen in den Garten pflanzen. Den Wachstumsverlauf des Bäumchens trägst du in dein Beobachtungsheft ein.

Nußplätzchen

Verknete **200 g Butter** mit **100 g Zucker** und **1 Ei**. Gib dann **170 g gemahlene Haselnüsse** und **250 g Mehl** dazu. Rolle den Teig auf einer sauberen Unterlage dünn aus und steche mit Ausstechformen Plätzchen aus. Lege sie auf ein eingefettetes Backblech und backe sie im vorgeheizten Backofen bei 180 Grad (Gas Stufe 2) 8-10 Minuten.
Tip: Die Plätzchen vor dem Backen mit etwas Milch bestreichen und Mandelhälften oder Haselnüsse eindrücken.

Igelbrötchen: Mandelstifte und Rosinen vor dem Backen in den Teig stecken.

Worterklärungen für den Garten

ANHÄUFELN: Du schichtest kleine Erdhügel um die Pflanze herum oder an den Pflanzenreihen entlang. Dadurch wird die Wurzelbildung gefördert und Wärme gespeichert. Bei Lauch und Bleichsellerie werden so die eßbaren Pflanzenteile mild und bleich.

ANTREIBEN: Manche Pflanzen wie z.B. Chicorée wachsen auch noch einmal im Winter. Stellt man die ausgegrabene Pflanze ins warme Haus, treibt die Wurzel erneut aus.

ANZUCHT/VORKULTUR: Viele Pflanzen brauchen lange Zeit, bis sie blühen, ausreifen und Früchte tragen. Weil es im Frühling für manche Pflanzen noch zu kalt für die Aussaat ist, kannst du die Samen in Töpfen oder in Holzkisten aussäen. Die Holzkiste solltest du vorher mit Folie auslegen und mit Erde auffüllen. Decke alles mit einer Folie ab. Bis sich die ersten Keimlinge zeigen, muß die Aussaat warm und dunkel stehen, danach brauchen die Keimlinge Licht. Später kommen die Pflanzen nach draußen oder werden auf andere Töpfe verteilt.

AUSGEIZEN: Seitentriebe, die sich in den Blattwinkeln bilden, heißen auch Geiztriebe. Sie sollten entfernt werden, weil die Pflanze dann kräftiger wird und Früchte bildet, wie z.B. bei Tomaten und Gurken.

in Reihe   breitwürfig

AUSSAAT: Samenkörner werden auf die Erde gestreut, mit etwas Erde bedeckt und mit Wasser angefeuchtet. Die Samen beginnen zu keimen, und es entstehen neue Pflanzen.

BESCHNITT: Sträucher und Bäume werden nur im Herbst beschnitten. Im Frühjahr treiben die Zweige dann neue Blätter aus, weil beschnittene Pflanzen besser wachsen.

DÜNGER: Nährstoffe für die Pflanzen.

FOLGESAAT: Manche Gemüsearten kann man wiederholt nach dem ersten Aussaattermin ausäen. Dadurch läßt sich die Ernte bei schnellwachsendem Gemüse verlängern, wie z.B. bei Radieschen, Erbsen und Salat.

FREILANDANBAU: Gemüse und Obst, das nicht im Gewächshaus, sondern draußen bei Sonne und Regen reift, wird Freilandgemüse und Freilandobst genannt.

KEIMLINGE/SÄMLINGE: Wenn eine Pflanze aus einem Samen zu wachsen beginnt, nennt man sie Keimling oder Sämling.

KNOLLE: Die Knolle ist eine starke Verdickung der Wurzel, sie wächst unter der Erde. In der Knolle sind wichtige Nährstoffe wie Stärke gespeichert. Einige Knollen wie z.B. Sellerie, Kartoffeln und Kohlrabi kannst du auch essen.

KOMPOST: Organische Stoffe wie Gartenabfälle werden auf einem Haufen oder in einer Kuhle gesammelt. Sie verrotten zu brauner, nährstoffreicher Komposterde, auch Humus genannt. Im Herbst wird der Humus auf den Beeten verteilt.

Sand

LAGERUNG: Viele Gemüsesorten, vor allem Wurzelgemüse, lassen sich gut bis in den Winter hinein in einer Kiste mit feuchtem Sand aufbewahren. Ein kühler, aber frostfreier, gut gelüfteter Ort eignet sich am besten als Lagerraum.

MEHRJÄHRIGES PFLANZEN: Im Herbst sterben von den mehrjährigen Pflanzen die oberirdischen Pflanzenteile ab. Die Pflanze überwintert im Boden und treibt im Frühjahr neu aus.

PFLANZGEMEINSCHAFT: Besteht aus unterschiedlichen Pflanzenarten, die man nebeneinander pflanzen kann, ohne daß sie sich beim Wachsen behindern. Manche Pflanznachbarn fördern sogar gegenseitig das Wachstum wie auch den Geschmack der Früchte.

PIKIEREN/VEREINZELN: Wenn die Keimlinge etwas herangewachsen sind, verpflanzt man die Jungpflanzen mit genügend Abstand zueinander. Beim Ausgraben und Wiedereinsetzen der Jungpflanzen muß man sehr behutsam vorgehen – es lohnt sich!

Hilfsmittel

SETZLINGE: Wenn man die pikierten Keimlinge an ihrem endgültigen Standort einpflanzt, nennt man sie Setzlinge.

SPALIER: Ein Spalier nennt man ein Gerüst oder eine Gerüstwand aus Eisen, Holz oder Draht, an der Pflanzen hochwachsen können.

STÜTZEN: Pflanzen, die in die Höhe wachsen wie z.B. Erbsen, Bohnen, Tomaten und Gurken, brauchen eine Stütze, weil sie sich nicht selbst halten können. Dafür werden Bambusstäbe oder andere Stöcke dicht neben dem Stengel in die Erde gesteckt; jeder Stengel braucht einen eigenen Stock. Der Pflanzenstengel und der Stock werden mit Bast oder einer Gartenschnur locker zusammen-

gebunden; der Knoten sollte immer am Stock und nicht am Stengel sitzen.

TRIEB: Ein junger Stengel, der sich aus einer Knospe entwickelt. Später entwickelt er Blätter und verholzt, d.h. er wird zu einem festen Ast.

UMGRABEN: Im Herbst wird die Erde im Garten umgegraben und gleichzeitig Humus oder Gartendünger untergemischt. Abschließend wird die Erde wieder geglättet. Im Frühling brauchst du die Erde nur mit einer Harke ein bißchen aufzulockern und kannst dann neu säen oder pflanzen.

WINTERHART: Pflanzen, die trotz Frost, Schnee und Eis im Freien überwintern können.

Pflanzen locker abdecken.

WINTERSCHUTZ: Starke Fröste können auch winterharten Pflanzen schaden, vor allem dann, wenn kein Schnee liegt. Schnee schützt die Pflanzen in der Erde nämlich vor großer Kälte. Du kannst die Pflanzen auch mit Tannenzweigen, Fichtenreisig, Stroh, Laub oder Torfmull abdecken. Es sollte jedoch nur locker auf den Pflanzen liegen. Manche Pflanzen wie z.B. Feldsalat kann man deshalb sogar noch ernten, obwohl schon Schnee liegt.

Worterklärungen für die Küche

ABKÜRZUNGEN: kg = Kilogramm, g = Gramm, l = Liter, ml = Milliliter, m² = Quadratmeter, cm = Zentimeter

ABSCHMECKEN: Mit einem Löffel probieren, ob das Gericht würzig genug ist. Eventuell mit Salz, Pfeffer, Gewürzen oder Kräutern nachwürzen.

ABTROPFEN LASSEN: Gemüse und Obst werden in einem Sieb gewaschen und vorsichtig geschüttelt; du kannst aber auch warten, bis das Wasser abgetropft ist.

ANSCHMOREN: Gemüse oder Fleisch in heißem Fett, in einem offenen Topf oder einer Pfanne von allen Seiten anbraten. Erst danach mit Flüssigkeit übergießen und in einem geschlossenen Topf bei mittlerer Hitze garen.

AUFKOCHEN: Eine Flüssigkeit in einem Topf so lange erhitzen, bis viele große Blasen aufsteigen. Dann die Temperatur herunterschalten.

AUSROLLEN: Einen Teig auf einer sauberen Unterlage, z.B. einem Backbrett, mit einem Nudelholz zu einer glatten Fläche ausrollen. Wenn du kein Nudelholz hast, kannst du auch eine saubere Flasche nehmen.

BACKEN: Teig, Gemüse und Fleisch werden im Backofen oder in heißem Fett in einer Pfanne ausgebacken.

DÄMPFEN/DÜNSTEN: Etwas im eigenen Saft mit wenig Fett oder Flüssigkeit garen. Dabei den Topf mit dem Deckel zudecken und die Hitze klein stellen.

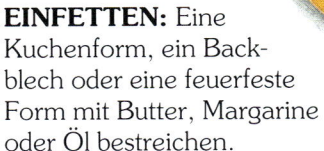

EINFETTEN: Eine Kuchenform, ein Backblech oder eine feuerfeste Form mit Butter, Margarine oder Öl bestreichen.

GAREN: Gemüse oder Fleisch so lange kochen oder braten, bis es weich und eßbar ist.

GARNIEREN: Gerichte kannst du mit eßbaren Zutaten dekorieren, damit sie noch appetitlicher aussehen.

KLEINHACKEN: Gemüse, Nüsse mit einem Messer oder mit einer Küchenmaschine sehr klein schneiden.

KNETEN: Einen Teig mit den Händen oder einem elektrischen Mixer mit Knethaken zubereiten.

PANIEREN: Gemüse oder Fleisch erst mit Mehl bestäuben, dann in einem verquirlten Ei und anschließend in Semmelbröseln wenden.

PASSIEREN: Suppen, Soßen, Obst oder Gemüse mit einem Löffel durch ein Sieb streichen.

PRISE: Eine Prise ist genau die Menge, die du zwischen Daumen und Zeigefinger fassen kannst.

PÜRIEREN: Gemüse mit einer Gabel, einem Kartoffelstampfer oder im Mixer zu Brei verarbeiten.

QUELLEN LASSEN: Etwas in heißer Flüssigkeit ziehen und aufquellen lassen. Dafür muß die Hitze heruntergeschaltet werden, damit das Ganze nur leicht oder gar nicht mehr kocht.

RASPELN/RAFFELN: Rohes Gemüse, Obst und Käse werden mit einer Reibe zerkleinert.

SUD: Eine Flüssigkeit, in der etwas gekocht wurde. Wenn du den Sud, die Flüssigkeit, abgießt, kannst du sie mit Mehl oder Soßenbinder eindicken oder mit saurer Sahne verfeinern, und fertig ist die Soße.

ÜBERBACKEN/GRATINIEREN: Nudeln, Kartoffeln, Gemüse und andere Nahrungsmittel, wenn nötig vorgekocht, werden in eine feuerfeste Form gegeben und mit einer Sauce bedeckt oder mit Käse bestreut. Anschließend wird das Ganze im heißen Ofen so lange überbacken, bis die Oberfläche knusprig braun wird.

UNTERHEBEN: Die Zutaten sehr vorsichtig mit einem Schneebesen oder Kochlöffel vermengen, dabei die Masse aber nicht umrühren.

Und nun viel Spaß beim Säen, Ernten und Kochen.

Alle Kochrezepte und Gartentips

101

Mein
Garten

Januar

Februar

März

Juli

August

September

in
jahr

April

Mai

Juni

Oktober

November

Dezember

Kartoffel

Knoblauch

Mangold

Erbse

Pflanzschildchen zum Ausschneiden

Schneide die Pflanzschilder aus, klebe sie auf dicke Pappe (zum Beispiel die Rückseite eines Zeichenblocks), schneide sie erneut aus und stecke sie zu den dazugehörigen Samen ins Gemüsebeet oder in den Blumentopf.

Schnittlauch

Radieschen

Zitronenmelisse

Majoran

Marmeladenetiketten

Beschrifte die Etiketten. Trage auch das Datum ein. Schneide sie aus und klebe sie auf die Marmeladengläser.

Lustige Strohhalme

Schneide die Obstfahnen aus und bestreiche sie auf der Rückseite mit Klebstoff. Knicke sie dann um einen Strohhalm und drücke sie gut zusammen.

So kann keiner sein Glas verwechseln.

← Strohhalm

← Klebstoff

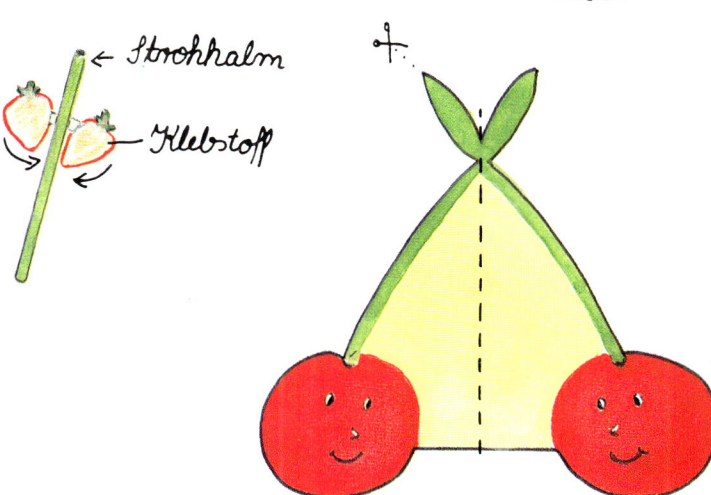